The Unicorn Musical Portraits of Chou Yin Fai

# 獨角獸的行丁

周耀輝的音樂群像

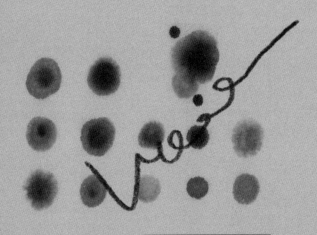

# 獨角獸的彳亍
## ——周耀輝的音樂群像
*The Solitary Walk of Unicorn: Musical Portraits of Chow Yiu Fai*

# 目錄

# 總 序

　　毋忘初衷。二十多年前拙作《香港流行歌詞研究》序言寫道:「研究香港流行文化是細水長流的工作。」當年因為九七回歸,香港文化漸漸為人重視。時移世易,近年香港文化因為中國崛起而於學院再被邊緣化,在流行場域亦日漸褪色。跟紅頂白在所難免,於是不斷有人說香港粵語流行曲已死,甚至將之歸結到詞人的文字水平。本叢書希望借香港詞人專論,釐清流行歌詞的價值,也藉此延續香港流行歌詞研究這項細水長流的工作:「天空晴時,雷霆來時,它都長流。」著名歷史學家葛兆光曾以〈唐詩過後是宋詞〉為題,說明凡一代有一代之文學,認為若流行歌詞「多一些〔語言〕機智和〔文化〕內涵」,我們未嘗不可迎接流行歌詞的時代。既有語言機智亦具文化內涵的香港流行歌詞,可能是過去幾十年在香港影響力最廣的文類。

流行歌詞算不算是文學作品？這個問題一直同時困擾喜愛和批評流行歌詞的人。過去十多年我曾多次出席大大小小的官方非官方講座，可見流行歌詞還是有人關心，年輕人對流行歌詞很有興趣，但學院課程對此並不重視，學生們苦無機會以流行歌詞為研究課題。不少有興趣研究流行歌詞的學生及研究生都有此憂慮：參考資料不足，流行歌詞欠學術認受性，以此為研究題目就恐怕事倍功半，最後寧願穩穩陣陣的研究唐詩宋詞，總勝冒險專論流行歌詞。近年不少詞人先後出版自己的精選唱片，明星級詞人更舉行「演作會」，2015年我亦有機會協辦香港書展的「詞情達意：香港粵語流行歌詞半世紀」展覽，可見流行詞人相當受人重視。然而，文化產品的「合法化」過程牽涉複雜的論述機制實踐，首要的還是認真的研究。近年已有較多有關粵語流行曲的專著，但還是未見有系統的詞人專論。要推動流行歌詞研究，歷史整理、作家專論和文本分析都不能或缺，而除了論文和專書外，詞人系列也是「合法化」的重要條件。

　　「香港詞人系列」是多年素願，如今可以實現，我得感謝中華書局，特別是黎耀強先生的信任和推介。新一批專書轉由匯智出版，這些年來屢承羅國洪先生臂助，實在不勝銘感。黃志華兄亦師亦友，多年來走過的歌詞路並不孤單，全賴他的支持和指導，謹此再表謝忱。要獨力承擔一整冊詞人專論委實不容

易，本系列的作者在百忙中拔筆相助，對此我實在感激不盡。諸位作者各有專精，學術訓練有所不同，行文風格和研究角度亦有差異。雖然作為叢書，但本系列並沒採取如評傳之類的統一格式，亦不囿於學院規範，寧可多元並濟，讓作者以自己的獨特角度探論詞人詞作。畢竟香港流行歌詞以至香港文化的特色，正在於其活潑紛繁。最後，且以拙作《香港流行歌詞研究》新版序的話作結：時勢真惡，趁香港還有廣東歌。

朱耀偉

2016 年 6 月原序

2021 年 7 月修訂

# 如何聽歌？怎樣填詞？

　　我們喜歡聽歌，但如何聽？聽到甚麼？我們喜歡某些歌手，但喜歡他和她的甚麼？形象？嗓音？流行音樂盛載成長和年代的故事，但如何盛載？盛載了甚麼？一首流行曲從作曲、填詞、演唱和錄音的生產過程，到變成 CD、MP3、iPod 和 Spotify 的聲軌，或音樂錄像和 YouTube 的接收畫面，我們——作為閱聽者——採取了怎樣的位置？從聆聽到收看，流行音樂給我們怎樣的感官詮釋或刺激？

## （1）聆聽的心理構成

　　一首歌曲的收聽或拒聽，牽連許多因素，包括類型（是情歌還是社會政治題材）、節奏（是快板還是慢板）、歌手的性別和聲音（是男聲還是女音）、曲風（是西式弦樂、中式小調還是迷幻電音），還有聽歌的環境（是群體活動還是私人空間），以及接收的渠道

（是媒體廣播還是個人軟件）。曾經在課堂做過一個實驗，播放一首全新或很少有人聽過的歌，詢問初次聽到的學生，率先進入聽覺、知覺、或勾起興趣聽下去的因由是甚麼？大部分回答是音樂的旋律，其次是歌手的聲音，或兩者合二為一營造的直覺感官，即所謂「好聽」、「動聽」，假如音樂和嗓音都不理想，便不會再聽下去，這就是許多人常常談及的「入耳」，非常主觀的判斷，不一定有清晰而理性的因由，有時候單單祇是喜歡或不喜歡這把「聲音」、或那些音頻而已。當歌曲成功抓住了聽覺的趣味或好奇之後，歌詞的內容便會進入意識的層面，聽歌人逐步理解歌曲的意思、字詞的鋪排，需要時候甚至翻開歌詞來一字一句的看，最後是重複收聽，認知曲詞的每個細節，融入個人情緒的寄寓，使歌曲成為自己的故事選單[1]。當然整個過程裏，會有斷碎的字句進入思維，抓住記憶，但要掌握全篇歌詞的意思和脈絡，還是需要打開文字來，於是，從這裏出發去問，「聽歌」是一個怎樣的情態？我們如何聽？或聽到甚麼？

　　法國文論家羅蘭・巴特（Roland Barthes）寫過一篇短文〈聆聽〉（Listening），辨別「聽見」（hearing）和「聆聽」（listening）的差異，前者是生理現象，

---

[1] 這個實驗祇限於懂得廣東話的人、收聽香港廣東歌的情態，祇播放聲軌而沒有畫面，但國語或英語歌曲的狀況可能不一樣。

是耳朵對所有聲音的接收和辨認，後者是心理行為，分成三個類別：第一種是警惕的，從聲音的指標區分安全或危險的訊息，第二種是解譯的，即符號的解碼功能，第三種是尋求建立「相互主體的空間」（inter-subjective space），一方面辨認誰人說話（他者聲音的來源），一方面在意聽了甚麼（自我的融入參與），形成了來來回回、彼此轉移的辯證關係（245-246）。「聽見」是接收外界聲音的基本條件（必須能聽、沒有生理障礙），而「聆聽」卻涉及複雜的心理情景與文化因素。巴特認為，聆聽關乎時間和空間的感覺，通過語音細微的刺激，產生認知，而空間的佔領往往來自聲音的充盈，家居、街道、工廠或各類活動的場館，聲音的存在界定了空間的特性，形成區域或版圖（246-247）。回歸人類的語言，在發明書寫之前，它的發音便已經帶有節奏和韻律，世上並不存在沒有節律的語言，形成書寫方法之後，文字也必然保存這些特質，寫字、讀字（或演唱），總會帶着節奏，這是符號的結構之一。在這個基礎上，詮釋聲音的內容（即「聆聽」的第二種狀態），既包含字義，也包含節奏，從朦朧不清、陌生隱晦到清晰明白，甚至深入內層的隱喻或潛文本，便是解碼（decoding）的過程（249）。在流行音樂的聆聽上，這個過程猶如宗教的儀式，是內在的、親密的、涉及心靈的隱秘，這是一個由外而內的侵染，猶如告解，是「聆聽」的第三種層次，我聽，故我在，有一把聲音跟我們溝通，我們用情感回

應，是說／唱的人和聆聽者雙方互動的牽連，於是，「聆聽」也是一種表述，聽到了甚麼界定了自我存在的形相（251-252）。所謂「聽歌」，必定有一把「嗓音」（voice），聽取這把聲音便是認知一個他者，以及跟他／她建立關係，從對方演唱的聲情交換喜怒哀樂的意識，一把撞擊我們的嗓音，不單在於他／她表說的內容，更在於那些高低起伏的語調與和聲，由身體的聽覺和脈搏的勾動開始，帶出心理的迴響。因此，巴特說聆聽是一種轉移、重構和再述，在空間裏進行的另類航行（254-257），最終是權力與慾望（power and desire）的爭持（260）。

巴特的理論很能解釋我們聽歌的狀態和各種層次，樂聲、嗓音和字詞結合，帶動旋律的輕重、節拍的快慢、音調的高低，以及各類合成的聲音效果，我們在尋找辨認和理解的剎那，也融入個體的轉移，渴望掌握歌曲的線路，極力抓捉情緒的對位，移情瀰漫整個聽歌的空間，將一個公眾的歌者變成跟私我對話的對象，將一首經由作曲、填詞、主唱等集體創作而來的歌曲變成個人故事，衍生不一定跟原有意念相關的詮釋。當這種個體行為累積起來，演化而成集體的、共有的參與，一首歌持續對一個族群產生共鳴、影響和震動，延展無數的空間，延長一段時間，最後便成為一種時代風景、一個地域的身份建構。

## （2）流行音樂的社會學

　　如果說巴特的「聆聽」理論圍繞個體、主體的自身經驗，那麼英國學者西蒙‧弗里斯（Simon Frith）的切入點卻關乎群體和眾人的凝聚狀態，他在《嚴肅地對待流行音樂》（*Taking Popular Music Seriously*）一書的序言中，開宗明義的指出無論流行音樂來自一種理念、經驗還是行動，它都是社會力量運作的結果，我們在閱聽的過程上，儘管可以有許多磋商、論辯或協議，但音樂的價值和意義卻無法脫離社會的建構（ix）。弗里斯認為「聽歌」牽涉製作和接收的兩端形態，從生產、發行到閱聽，充滿各項權力（或無權）的處境，一首流行曲的誕生及其衍生的社會含義，必有它的物質條件、工業的經濟邏輯和階級問題，但同時也容納了創作人和閱聽人的主體構造，因此，他反對（高雅）「藝術」與（庸俗）「商業」的二分法，拒絕接受流行音樂祇有商業元素，而不能成為藝術的觀點，相反的，所謂商業特性跟自主意識是可以同時共存的，在資本主義市場運作的機制裏，流行音樂作為社會與文化的塑造，有其特定的制式，但也包含顛覆的層面，尤其是在閱聽者或歌迷的轉化之下，更會呈現千奇百怪的詮釋和應用局面（x-xi）。弗里斯從社會學的角度出發，建立「批判音樂學」（critical musicology）的研究方法，探索流行音樂在日常生活產生的意義和價值判斷，人如何在聽歌的過程上組裝自己？我們在怎樣的環境聽歌（xii）？跟弗里斯一樣，我也是從小時候開始聽歌，

長大後成為流行音樂的評論人，先是作為歌迷、然後變成研究者的這個二重身份，讓我既追蹤歌音聲情折射的自我形象，也觀察歌曲從何而來、從何而往的文化脈絡，說到底，沒有人能夠孤立地（儘管可以孤獨地）聽歌，「聽歌」也是一種社會行為，因應市場給予的選擇而成為機制的一部分，無數這樣的個體聚合起來，便架起了時代和城市的風景畫，裏面有我們和眾人一起參與構築的點線面、光影和顏色，訴說在現實與日常失陷的想像、慾望、缺失和掙扎。

在〈音樂與日常生活〉（Music and Everyday Life）的章節中，弗里斯說音樂是生活的聲軌，城市到處充滿樂曲，從家居、餐廳、交通工具，到宴會、宗教儀式和各式媒體廣播，以至街頭演出，音樂無處不在，人們習慣在不同地方聽歌或播放歌曲，界定了「空間」的存在特性（和應了上面巴特的言說）——首先，音樂具有入侵、冒犯和防禦的功能，通過播放強勁的歌曲來佔領空間，壟斷聽覺感官，成為私人與公眾領域恆常糾纏的戰線。其次，聽歌可以劃出個人地界，藉着私密的聆聽營造屬於自己的小小天地，拒絕他人進入，尤其因家庭爭端而形成的世代隔膜，年輕一代往往借用音樂來收藏自我，或以音量來疏離父母的干預——由此出發聚焦來看，流行音樂的發展能夠反映一個城市的社會面貌、人際關係與文化記憶，當中牽涉人與人之間的親密程度、距離、權力和情

感（200）。此外，流行音樂具有兩種功能：第一是溝通和交際，我們一面聽歌、一面為自己創造歌曲的意義，思考生命的軌跡，從而理解自己是誰？在甚麼時候和場合聽到甚麼歌曲？帶來了怎樣的社交圈層或網絡？而這一切都關乎身份建構。第二，聽歌的人如何應用音樂來紓解或管理情緒？音樂具有怎樣意想不到的潛在能量？有時候一首歌曲的神秘魔力，並不來自廣告推銷的效用，而是一把聲音突如其來的進入了我們的感官和認知，褪去了四周的環境，剎那凝定了注意力，而帶來驚喜的體驗（205-206）。很喜歡弗里斯說流行音樂是城市和生活的聲軌，很難想像一個沒有音樂的城市，而每個人都有自己成長的主題曲，標誌那些悲歡離合的記憶，點染那些道路、樹木、車子和房子的故事，流行音樂的抑揚頓挫，也就是一個城市的盛衰起落，彼此同命相依、互相映照。每個人和每座城市都有自己的音樂版圖，那些縱橫交錯的線路，告訴我們自身的來處和生命的情景，還有那些風起雲湧的政治和社會變幻，而這本書的坐標是周耀輝，由他的填詞出發，跟着他的文字地景，遠遠近近的觀照香港流行音樂的文化圖像，關於「九七」前後政治的、酷兒美學的、青春反叛的、末世情慾的等各式華麗而頹廢的聲音，於是有達明一派、黃耀明、麥浚龍、許志安、梅艷芳、陳慧琳、王菲、葉蒨文、盧凱彤、林二汶、容祖兒和泳兒等輪流上場，掀開數十年香港一路走來跌跌碰碰又奮起掙扎的步印。

## （3）周耀輝的核心散射

1961 年出生香港的周耀輝，上世紀八十年代畢業於香港大學英國語文及比較文學系，1988 年向達明一派自薦，1989 年發表第一首歌詞〈愛在瘟疫蔓延時〉，一鳴驚人而踏入流行音樂的行業，先後於香港政府、亞洲藝術節、《明報》及商業電台等機構工作，1992 年移居荷蘭，為荷蘭華語電台節目主持人，2011 年獲阿姆斯特丹大學傳理研究學院博士學位，2012 年跟黃耀明等好友成立文藝復興基金會，支持和幫助年輕人走上文藝創作的路向，自 2011 年開始任教於香港浸會大學人文及創作系。周耀輝至今發表歌詞多達千首，同時出版文學創作《突然十年便過去》、《7749》、《一個身體兩個人》和《假如我們甚麼都不怕》等，其中書寫母親記憶的《紙上染了藍》，獲 2015 年香港中文文學雙年獎散文組推薦獎；此外，周耀輝也積極參與多媒體跨界創作，包括 2016 年新視野藝術節的劇場作品《剎那的烏托邦》，2017 年獲西九文化區 M+ 委約，在《曖昧：香港流行文化中的性別演繹》的展覽中創作《聲煽／線動》等等 [2]。綜合周耀輝的背景和眾多訪問，可以得知他出身單親家庭、少年遭受欺凌、成年漂泊海外、中年回歸香港，他的生命故事也演化成創作的根源。香港流行歌詞研究學者朱耀

---

[2] 有關周耀輝的生平，可以參考黃志華、朱耀偉、梁偉詩等合著的《詞家有道》。

偉的〈後九七香港粵語流行歌詞概說〉指出，周耀輝擅於在主流和另類之間游走，性別觸覺敏銳，書寫愛情題材，句句猶如現代情感手冊，假如要用一個字詞形容他的作品，應該是「華麗」，那是一種「淒美」，奢華而不浮誇，溫柔而未失瀟灑（100）。另一位歌詞研究者梁偉詩在《後九七香港粵語流行歌詞研究》一書中，也認為周耀輝的設想獨特，文化底氣深厚，敢於挑戰另類偏鋒的題材，而且風格多變（143）。同是文字創作人，我比較好奇他怎樣寫詞？不懂也無需依賴簡譜的他，單憑樂音如何填上一個一個的字、完成一首一首能唱的歌？

周耀輝曾提出「情境［景］意態」的創作方法[3]：「情」是指有感情的語句，一首歌寫得多與少，直接影響它的調子；「景」是描繪周圍發生的顏色、動作、景物、遠近、黑暗和光影，可以是由景生情或先情後

---

[3] 見 Ernus 的訪問〈從來是異類：周耀輝〉，頁 114。「情境意態」應為「情景意態」的記錄筆誤，根據《現代漢語詞典》解釋，「情景」是感情和景物，而「情境」則為情形與境地。2016 年香港中央圖書館曾經舉辦《周耀輝的情景意態》展覽，用的也是「情景」而不是「情境」，這裏引述和延伸的分析，暫且更正。相關資料可以瀏覽香港中央圖書館的節目通告：〈https://www.hkpl.gov.hk/tc/extension-activities/event-detail/83778/reference-book-display-chow-yiu-fai-and-chinese-song-lyric-writing〉，以及讀者的觀後感記錄和現場拍攝的照片：〈https://www.facebook.com/shingster1412/photos/a.1609915219238448/1744752479088054/?type=1&theater〉。

景；「意」則比較曖昧，情景之外創造言有盡而意無窮的氣氛；最後的「態」是人生態度，創作者表達對世界、人和心靈的想法，不是單單為了感動別人，而是承載個人的生命感觀[4]。綜合這四個意念，就是文字創作上講求的情感、背景、氛圍和思想，涉及時、地、人和事的安置，安置好了，便會具體呈現，而這些設置也會因應不同的需求而變化挪用，「情景意態」可說是填詞的基本框架和策略。此外，周耀輝強調喜歡採取以「視覺」切入的創作方法，像一個一個鏡頭的排列，或「蒙太奇」（montage）的剪接，產生跳躍和天馬行空的電影感[5]。周耀輝喜歡看書，也熱愛電影，這些素養自然成為他的創作源流，甚至轉化而成藝術技巧，當然，他很清楚歌詞與作曲、編曲和演唱密不可分，他的文字必須跟這些元素配合，一首歌大約祇有三、四分鐘，歌詞篇幅短小，所以必須集中意念和精練文字，他尤其對語言的節奏和聲音敏感，每次完成一首作品，都會把文字讀出來，哪一句短、哪一句長，都會嚴格要求和鋪展得好，如果產生不對應或礙耳的感覺，便會修改直到完美為止[6]。至於書寫的過程，周耀輝指出在「先曲後詞」的狀況下，從聽「錄音樣品」（demo）開始，他便已經知道歌手和編曲是

[4] 見 Ernus 的訪問〈從來是異類：周耀輝〉，頁 114。
[5] 見陳芊憓的訪問〈青春就是覺得自己有很多選擇：專訪周耀輝〉。
[6] 見黃子翔的訪問〈周耀輝：填詞老手、文壇新貴〉。

誰，由於歌曲以商業的方式製作和發行，所以在落筆之前已經考慮「聽眾」的存在，在書寫之間同時考慮受眾的感覺，雖然他承認自己偏向小眾的品味，選擇為弱勢群體發聲，挖掘被社會排斥或忽略的題材，但作為一個詞人，依然側重受眾接收的感受，而且這也是建立個人獨特味道的做法[7]。周耀輝這些創作陳述，揭開了填詞的神秘面紗，這些經驗的告白，看似關乎技法、文字跟流行音樂體制擺放的關連，但也展示了他的個人意識。

「歌詞」寫作畢竟不是文學創作，沒有那種相對的獨立和自主，卻要面對更多的形式拘限，包括曲式、音域和演唱者的聲線表達，甚至監製的市場策劃，但面對的限制越多，難度越高，越考驗一個創作人游刃的力度與能耐，能夠數十年來在香港流行文化風高浪急的潮流裏屹立不倒、意念源源不絕的提升，寄生在商業的架構中而能夠保持和建立個人獨有的文字風情，開創另類歌詞的風貌，或許就是周耀輝的能耐。2008年周耀輝寫了一篇長文〈十八變：從聽歌到寫詞、從消費到生產、從理論到實踐看我（們）的變化與變遷〉，自述當時二十年來的創作歷程，包括從小到大聽歌的經驗和樂趣、成年後的社會與文化思考，以及一些歌詞的寫作背景和方向，其中他提到：

| [7]　見晴朗的訪問〈我覺得寫歌詞是一件很美妙的事情〉。

創作的不單是站在流行音樂工業這一端的生產者，也是那一端的消費者。我學會了放開，讓自己去寫一些小事情、小幸福、小感動，或者是一些很簡單的小問題（166）。

從香港大學修讀英國文學，到荷蘭攻讀傳播與文化研究，周耀輝一直在增進個人素養中拓闊歌詞的書寫，但不是走宏觀的大路或大論述，而是着眼現實生活微小的際遇和境況，這樣更容易引起共鳴；他甚至認為假如有人聽了這些歌曲，在最傷心的時候度過一天或幾分鐘的時間，能幫助對方表達了一些依靠說話無法表達的情緒，便已經很足夠（167）。這些觀點，建立了流行音樂作為「時代小確幸」的意義，是直達人心的力量，讓人面對生活的逆境、寄放板盪的情緒。在語言方面，周耀輝在《詞家有道》跟朱耀偉的訪談中，說過喜歡粵語的表達，相對於國語歌曲比較容易入詞的狀況，粵語填詞的難度更高，容納更大可能的文字實驗，歌詞的邏輯不需要太明顯，文字可以割裂，意象可以跳躍，有時候為了「夾音」，不得不打破常用的語法，而一般聽眾和製作歌曲的人對粵語歌詞也有較大的包容性（174-175）。當然，在香港「後九七」的政治變動中，尤其是中國大陸政權提倡國族主義，企圖消除地域文化的困境下，「粵語」（或港式廣東話）面對前所未有的危機，所以周耀輝也說：「我會特別掛慮香港粵語歌的現狀，很受邊緣化、市場非常

萎縮、可以發表作品的類型越來越縮窄等等。這些都是我的困擾（172）。」是的，粵語流行曲是香港重要的文化版圖，也是這個地方的生活和歷史記憶，是城內人建構身份、記錄情感的方式，因此，我的論述衹集中周耀輝的粵語歌詞，卻不是單純的歌詞閱讀（歌詞是無法閱讀的），而是由他作為核心散射，尋求探索流行音樂的聆聽形態，當中涉及歌唱者的嗓音和形象，因歌詞或歌曲內容衍生而來的文化議題，包括政治、性別、社會意識和視覺感官，最後當然還有閱聽者的詮釋方向。

《獨角獸的彳亍：周耀輝的音樂群像》以填詞人作為話語中心，通過音樂理論、政治或身體論述、性別和酷兒研究、文本與影像互涉等角度，跨界論述香港流行音樂的一些形貌。在捍衛「港式廣東歌」的本位意識下，我的「介入策略」（tactics of intervention）是以「歌詞」作為焦點，涉入因歌曲而來關於嗓音、編曲和表演形態的分析。對我來說，一首優秀的歌詞能夠發揮音樂的特性和歌手的風格，相反的，一首不大成功的歌詞，卻需要仰賴編曲的補足、現場演唱的轉化、或音樂錄像的再造創作，於是我的終極評價和批判仍是從「歌詞」的成敗出發。全書分成三個部分，每個部分有兩個章節：第一部分是「政治、愛情與抗爭」，討論從二人組合的達明一派到單飛獨立發展的黃耀明，如何以流行歌曲唱錄香港的盛世年華與頹垣

敗瓦，怎樣游走同性愛的邊緣和末世的愛情；第二部分是「身體、情色與聲音」，藉着網羅周耀輝的情色歌曲，探討流行音樂的身體書寫、歌手演繹的嗓音特性，除了許志安、容祖兒、梅艷芳和陳慧琳，麥浚龍是絕對不能忽略的異端者；第三部分是「文學、歌詞與影像」，一方面分析周耀輝的詞文集《18 变》，另一方面探索音樂錄像如何「視覺化」（visualize）歌詞，將歌曲從「聽」轉為「看」的界面。六個章節當然無法涵蓋周耀輝三十年來的創作內容，甚至未能全部梳理這些歌手那些豐富而多樣的發展脈絡，我的缺口留待日後有心人去填補和延續，而我祇想用一本書的小小容量，留住那些走過時間、穿越空間的聲音、言說、情感、音頻、韻律和視像畫面，那是香港的城市身世，曾經落地歸根，然後花果飄零，在風雨飄搖的時代，我寫，作印證！

2020 年 4 月

# PART ONE

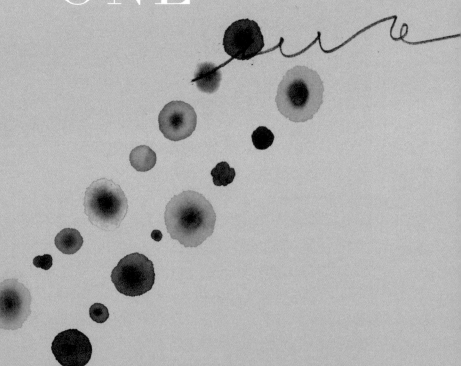

政治、愛情與抗爭

# 第 1 章

# 沙啞的叫喊是烏鴉
## ——達明一派與黃耀明的政治身影

　　一個人聽甚麼歌曲，便顯示了那個人屬於甚麼年代了，原因有兩個：第一，流行音樂是青春的文化，總跟着我們的成長期，從小到大閱聽的歌曲編織了那些歲月留聲的記憶，猶如個人故事的主題曲；第二，流行音樂也是懷舊的文化，跟我們一起盛衰起跌，而且人老了總記掛舊有的事物和自己，歌曲響起便彷彿回到逝去的日子。無論是因為青春還是為了懷舊，流行音樂塑造了我們的文化身份，以及一個城市或社會的時代變遷，甚麼時候聽甚麼歌曲，不單關乎一個人從何而來的時空脈絡，也牽連那個地方或那個環境的一些需要和訴求。當然，在這樣文化形構的坐標上，還有一種奇異的現象叫做超越時空，那是一些歌曲和歌手從自己的年代一路走來，一直沒有後退，或早已走在時代的前端，即使日月如梭時光飛逝，歌曲沒有因而淡出或褪色，反而不斷淡入、被重塑而循環再

生或更生，聽到這些歌曲的時候，共鳴的認同感超越了青春或懷舊的因素，同時折射了社會狀況的永劫回歸！「我是聽達明一派長大的」是我寫於上世紀九十年代的宣言，是那個時期第一個流行音樂（或歌詞）的研究論題 [1]，後來有趣地成為日後無數世代的宣稱，那是代表達明一派的青春不老嗎？還是明證城市與時代「像永遠在轉圈圈的花瓶」、跟我們蒼蒼千里度一生呢 [2]？從達明一派到後來分開發展的劉以達和黃耀明，這兩個音樂人為香港留下也累積了一層鋪疊一層的文化記憶，他們的歌曲印刻了城市發展的風景線，還有閱聽者我們的變與不變；游走於獨立組合（或創作歌手）與主流商業市場之間，他們如何以異端的姿勢打造歌曲的可聽與可觀？「可聽」是歌曲的音樂、歌手的聲音和填詞人的字詞，「可觀」是演唱會上的表演形態與符號呈現，這是我一向以來對流行音樂的論述脈絡。這個章節以周耀輝的歌詞作為切入點，論析達明一派與黃耀明過去數十年的作品 [3]，先從理論

---

[1] 見洛楓：〈灰色的都市 · 蒼白的一代：達明一派的社會意識〉。

[2] 兩句都是周耀輝為達明一派填寫的歌詞，前一句「像永遠在轉圈圈的花瓶」來自〈愛彌留〉，後一句「蒼蒼千里度一生」來自〈皇后大盜〉。

[3] 朱耀偉在《香港流行歌詞研究》一書中指出：「周耀輝一直周旋於邊緣與主流之間，而他的重要作品也始終要數與達明一派，以至達明一派拆夥後劉以達與黃耀明各自推出的作品（304）。」的確如此，所以我的研究重點也不能不落在這些範疇上，成為這本書的論述中心。

的建構開始，再落入歌曲的閱聽，目的在於追蹤因流行音樂而來的議題，包括文化身份、情感效應、政治諷喻與社會關懷。

## （1）流行音樂的身份、品味與集體意識

西蒙・弗里斯（Simon Frith）在〈音樂與身份〉（Music and Identity）[4]的章節中，提出研究流行音樂的美學取向，不是追索歌曲如何反映人群，而是怎樣創作和建構經驗，這樣才能歸納個體身份與集體身份的構造情態，當中涉及兩個前提：第一，身份是流動的，是一個過程而不是一個物件，是一種形成而不是一種本質；第二，音樂的體驗是自我形構的（self-in-process），音樂跟身份一樣，是關乎表演和故事，闡述「個人在群體」、「群體在個人」之間的關連，既是倫理的也是美學的，因此，身份的確立來自社會進程及其互動情景，而流行音樂作為一種美感經驗，通過社群和個人特性的認知，來呈現社會的倫理符碼與意識形態。我們聽歌，是通過某些文化活動與美學判斷而認清自我，然後聚合他者，是一種生活取態，而不同的音樂類型便會產生不同的族群身份（294-299）。對弗里斯來說，音樂是一種敘述（narrative），包含時間和空間的結構，當中充滿能動性，所謂「音樂快感」（musical pleasure）就是「敘述快感」（narrative

---

| [4] 此文收入 *Taking Popular Music Seriously* 一書中。

pleasure），音樂裏有故事，關連生命的述說，依賴修辭的真理（rhetorical truth）開展，說服閱聽者相信那些呈現的內容，運作的關鍵在於「情緒的效應」（emotional effect），那是一個唱歌的人和聽歌的人共同參與的過程，以聲音和感情傳遞歌曲的意思，是一種體現（embody）而不是再現（represent）的方式（117）。深入這些論述，可以見出弗里斯是從聆聽的主體出發，拆解流行音樂傳遞和接收的狀況，連接歌曲與身份之間的橋樑就是美感和倫理經驗——我們聽歌，覺得音樂的旋律很美、歌手的嗓音很迷人，引動情感的渴望，感官因刺激而產生愉悅，這便是美感經驗；另一方面，歌曲的內容關乎自己，或由此產生共鳴，帶動真理的信任和價值的認同，這便是倫理的體驗，而所有這些體驗都是經由一個身體傳給另一個身體，聆聽者經由他者尋求理解自己，從而建構主體意識，過程充滿流動的變化，包括個人的成長或時代的遷移，而不同的社群會選擇不同的歌曲類型，像粵曲、搖滾、民謠、歌劇或電音，身份認同的內容和形式各有差異，同時也折射這些群體的殊途殊歸！

　　在集體身份方面，弗里斯指出一首歌曲的誕生，從作曲、填詞、錄音、製作唱片到監製、發行和消費，都經歷無數揀選的程序，當中無數個人的選擇帶來成功的案例，個體的判斷與要求，建立了品味和風格的存在，而不同的音樂歌曲帶來不同的社群反應，因此

音樂品味也牽連階級文化與年齡組別（305）。弗里斯認為流行音樂的經驗就是身份的經驗（the experience of pop music is an experience of identity），閱聽一首歌，我們彷彿隨意地進入跟表演者的情緒同盟，自然也跟其他閱聽者一起結盟，音樂的抽象特質其實是一種「個體化」的形式，我們讓歌曲吸收自己的生活，將節奏融入自己的身體，然後在日後任何情景輕易的召喚和借用，於是慢慢形成音樂的集體意識，當中折射特定的文化邏輯，我們既有自己的音樂品味，但同時又分享眾人共有的想法和感受，這就是「集體身份」（collective identity）的構成。這些身份是從外而來，歌曲猶如衣服或面譜那樣穿戴身上，用以代替自己表述，表達自己到底是誰（306-307）？！就以達明一派來說，從上世紀八十年代開始的追隨者，就是他們的同代人，閱聽者和歌手同處一個時間和空間，面對接近的生活內容、社會情緒、價值觀念和意識形態，因而結伴同行；然後隨着時間流逝，三十年後歌迷與歌手一起成長或蒼老，有些會背離，有些繼續追隨。然而，在這個運轉的過程中，達明一派曾經解散、再重組，黃耀明單飛獨立後創作不斷，香港的社會從「九七」過渡至「後九七」，一代歌迷接替一代的歌迷延續這些歌曲的接收，形成所謂「後達明」的時代景觀，那是由於達明的歌曲具有自我更生的能量，而歌迷也同步擴張個人對歌曲和時代的知識。正如弗里斯所言，是無數個別的選擇形成共有的社群基礎，由個體身份

建立集體身份，喜歡達明一派和黃耀明歌曲的人，或多或少擁有某些共同的意向，尤其是政治的批判與抗爭、社會的關懷與改造、前衛文化的品味與美學定位等等。

　　在身份建構的過程中，總有兩種相反相成的狀態：第一，所謂「身份」常常是理想的化身，是我們渴求變成的模樣，而不是原來我們是怎樣，是一種理想原型的構造，尤其是當我們閱聽一些邊緣社群的音樂，並不是我們要變成那些小眾（例如黑人、同性戀者或女人），而是尋求參與民主和平權的進程，帶有理想和幻想的成分；第二，無論是創作還是閱聽一首歌，都是一種具體而真實的行為，當中牽涉「身體」的存在參與，當一群人為共同的品味而聚合起來，便能夠引發音樂的社會運動，那是將歌曲裏面的一些理想和幻想付諸實行，帶入日常的實踐，當中包括語言、姿勢、身體符號和慾望。在這些基礎上，流行音樂通過身體、時間和社交特性給予閱聽人直接的經驗，將自己投放於歌曲裏那些想像的文化敘述，猶如一個宗教儀式，是自我存在於各種關係中的位置，也就是「文化身份」（cultural identity）的由來（309-310）。在這裏，弗里斯從個體身份和集體身份轉入文化身份，那是一種聚焦的觀照和分析，在芸芸眾多的個體與集體身份中，定鏡於某些文化認同的基礎、或某些議題的關注（像民主、反核、環保），而且那不是單

單一種意識的認知，而是能夠落入生活和社會行動，尤其是一些政治歌曲，歌手的演唱已經表述了立場和取態，甚至是一種抗爭的行為，當歌曲流播後影響群眾，會帶來政治的覺醒，當群眾在不同場合或處境借用歌曲，無論祇是單純的自我寄寓，還是在抗爭現場鼓舞士氣，便已經建立了流行音樂的社會行動，更遑論地方音樂會或大型演唱會的表演舞台與觀眾（或歌迷）聚集，進場仿如朝聖，聆聽或觀看帶着洗滌和救贖，活脫脫就是一場宗教儀典！

## （2）達明一派與黃耀明的故事

「達明一派」彷彿神話，但在組合的名字背後，其實還有更多的名字和故事——黃耀明於 1984 年任職商業電台 DJ，曾主持《早晨星期一》及《明曲晚唱》的節目；1985 年劉以達在《搖擺雙週刊》刊登廣告尋找歌手，他前往試音而一拍即合。其後俞錚介紹他們加盟寶麗金唱片公司，取名「達明一派」，成為上世紀八十年代香港樂隊潮流中最具個性風格的組合，出版唱片《石頭記》、《我等着你回來》、《你還愛我嗎？》、《意難平》和《神經》等。1990 年「達明一派」拆夥，黃耀明從此展開獨立發展，出版《信望愛》、《借借你的愛》、《明明不是天使》、《愈夜愈美麗》、《下世紀再嬉戲》、《光天化日》和《若水》等數十張唱片。1996 年「達明一派」十周年紀念重組，舉行《萬歲萬歲萬萬歲》演唱會，自此黃耀明一邊轉型自己的創作，

一邊跟劉以達間歇地重組和舉行演唱會，開展「後達明」時期；1999年黃耀明跟蔡德才、梁基爵、李端嫻、亞里安和于逸堯等音樂人合組製作公司「人山人海」，除為製作歌曲外，更嘗試跨媒介的藝術創作[5]。至於劉以達，中學時代醉心搖擺音樂，自學結他，在跟黃耀明組成達明一派之前，已經開始音樂創作，登報徵求樂手，組成地下樂隊DLLM（解作 Don't Like Loud Music，也指涉港式的四字粗口），後又組織「東方電子樂團」，直到1986年跟黃耀明合成達明一派後，由邊緣身份走向樂隊的主流；達明解散後，他除了參與電影音樂作曲和演出外，也曾組成「劉以達與夢」和「劉以達官立小學」，出版《末世極樂》、《麻木》和《水底樂園》等唱片[6]。跨界文化人魏紹恩在1996年的《明報周刊》曾寫下這樣的論述：

> 達明一派是八十年代本地樂壇的一次異數。
> 異色四起⋯⋯他們在八十年代的重要，遠遠
> 不止於劉以達的電子迷離音樂境界（達明的
> sound），雖然我們都相信這超勁 sound 是達明
> 的靈魂、他們不朽的主因。達明的貢獻，更包

---

[5] 有關達明一派和黃耀明的簡介，可以參考「人山人海」的官方網頁：〈http://www.peoplemountainpeoplesea.com/profile_anthony001.htm〉。

[6] 有關劉以達的生平經歷，可以參考袁智聰的訪問與評論文章〈埋藏着傳奇的劉以達〉。

括那些鏗鏘有聲、大部份時候寫得極好極好的
歌詞（達明的 text）……達明更重要的貢獻，當
然還包括張叔平在形象和唱片／廣告包裝上面
呈現出來的主流以外的另類美學……Sound，
text，加上獨樹一幟的美學，令達明一派前後
十年無可取代[7]。

魏紹恩帶點總結式的評語，說明了這對組合的成功因
素，來自聲音、文本和視覺等三方面的實驗與突破：
達明的「聲音」（sound），除了劉以達的電音外（以
及日後他們不斷嘗試的曲風），還有黃耀明演唱的嗓
音；達明的「文本」（text），包含眾多填詞人的成就，
從陳少琪、潘源良、何秀萍、周耀輝，到林夕和黃偉
文，而我祇集中於周耀輝；而達明的「視覺美學」，
除了唱片封套和廣告設計外，還有後來發展於音樂錄
像的畫面和演唱會的舞台設計 —— 接下來的章節分成
三個部分，上接弗里斯的理論，下啟歌曲選擇的個人
詮釋，闡述政治歌曲的時代風景。

## (3)「九七」與「六四」的情意結

達明一派冒起於上世紀八十年代中期，正是香港
面對《中英聯合聲明》、《基本法》草擬和「九七主
權易轉」等問題，同時碰上 1989 年的「六四事件」，

---

| [7] 見魏紹恩：〈達明一派：一萬年太久，祇爭朝夕〉，頁 9。

紛擾的歷史宿命，令歌曲沾染了時代的色彩與氣味，「九七」與「六四」彷彿兩組政治符碼或城市咒語，縈繞作曲家、填詞人和主唱者念茲在茲的題材，其中〈天問〉（1990）最歷久不衰，每年總有人在悼念「六四」的時候播放，也成了中國大陸的禁歌。周耀輝曾說，〈天問〉刻意援引了中國古代的神話，影射「六四」天安門事件後的社會狀況，質疑那些大眾沉默的意識形態，以及那些安於天命的傳統價值觀念，他詰問的不單是政治系統，還有習以為常的文化根源，歌詞以屈原忠貞愛國卻遭受迫害放逐，最後落得自殺收場的生命故事作為核心表述，控訴和質問何以數千年來中國這樣的歷史從沒有改變？書寫目的不是為了回歸古代世界，而是反思當代的情境和出路（Yiu Fai Chow, 40）。1992 年我曾經指出〈天問〉「透過古老的表述範例和質問語調，營造歷史循環不息的悲劇感。填詞人以烈日熊熊的火焰比喻嚴苛的政治環境，並以『后羿射日』的傳說，寄望賢人、勇士的出現，可以為民除害。」同時也認為「這種『託古』的做法，欠缺與時代直接的感應」（92）。事隔二十八年後，或這二十八年來每年六月反覆的聆聽，累積了有點截然不同的看法，尤其是在自由逐步被侵蝕的「後九七」政治氛圍裏，「寓言」的結構成了不得不如此的表現手法；此外，以前看的是歌詞，現在聽的是歌曲，便拓闊了閱聽的層面。從「歌詞」的界面看，〈天問〉的視覺色彩濃厚，充滿矛盾句，像紫色的煙霞、漆黑的火焰、丹緋雪花，

① 政治、愛情與抗爭·33

這些顏色和意象能夠締造立體的畫面，讓閱聽者從字詞到聲音進入視覺的感官意識；從「音樂」的方向聽，〈天問〉的編曲非常凌厲而精密，通過電子樂器的演奏，奏出中式的古雅，鼓音和電吉他交錯的撞擊，帶來空靈而悲壯的效果，尤其是鼓音常常都在黃耀明演唱的句子之後一下一下的奔流，像沉痛的敲問，而中段夾雜模糊的襯底人聲，正好配合了「眾生／天不容問」的世道滄桑。可以說，借古諷今的〈天問〉在電音的鋪排下，焊接了歷史長河與當世的境遇。

1992年黃耀明獨立發展後出版《信望愛》大碟，裏面有兩首歌〈孿孖根〉和〈你真偉大〉，我一直當成一組歌曲來聽，前者以「兄弟」的骨肉關係暗喻香港的身世，後者以「父子」的倫常象徵中國大陸的政權結構，淋漓盡致地陳述了香港從英國殖民地過渡至「特別行政區」的身份換置及其憂患意識。〈孿孖根〉以中板的音樂節奏演唱中港關係，看似輕快愉悅，其實載滿分裂：「在某國某鎮那孖生的兩個／如今手足已各走上兩路／兩段時間千變萬化／卻出於一個家問誰人造化」，以兄弟骨肉分離、分別在不同地方長大作為喻體，指出香港分離於「中國」（或稱「祖國」）的歷史事實，香港的英式殖民與資本主義構成，跟奉行社會主義的中國大陸完全南轅北轍，兩個體制構成兩個地方的差異，即使同屬於一個所謂「華夏民族」、或廣義的「中國人」，共通的地方還是不能避免

被差異蓋過:「同一般的眼睛一樣鼻子 / 說着異鄉的語氣 / 同一般的髮膚一樣面子 / 這面是對那面或說非」,點出的不但是文化差異,還有思想和生活習慣的分歧,甚至無法溝通的障礙。周耀輝通過活潑的擬人法,將城市與國家、或中港關係比喻失散重逢的兄弟,各有心事或各懷鬼胎(「各樣懷抱願望亦各有一個」),在歷史的隙縫狹路相逢,祇有冷漠而沒有互相珍重和體諒(「感觸差不太多但無言互訴」);然而,歌曲去到最後即將完結的時候,出現一連串數字的和聲唱着「一一四九七三廿一」,由廣東話逐漸變成普通話,這樣的編演,借用方言和國族語言的更替,顯示了政治的轉移及其強勢力度,前面輕快的節奏剎那消亡了,代之而來是恐怖驚慄的氛圍,猶如鬼魅般纏繞不休!

〈你真偉大〉採取「你」和「我」的敘述關係,以「兒子的我」跟「父親的你」訴說懇求,非常快速的音節佈滿急速而迫切的語調:

> 從前從前爸爸你有試過錯過吧
> 從前從前爸爸你也試過退不下
> 昨日昨日傲慢一心一心推翻
> 瘋瘋癲癲的偏見
> 現在漠視舊事說我太過放肆
> 孩兒孩兒如無知

……

是你生我是你在鎖我

是你驚我終於惹禍

是你給我望你別給我

望你不要關心太多

其實，這首歌曲隱藏兩層「父子關係」，第一層是香港與中國大陸，是一個「回歸城市」跟「宗主國」尋找溝通瞭解的訴求，第二層是「六四事件」中天安門廣場靜坐絕食的學生，跟執政者中國共產黨的鳴叫，要求掌權者聆聽年輕世代的聲音，但無論是哪一個層面的暗喻，〈你真偉大〉探索的依然是父權政治的世代論爭。周耀輝指出「六四事件」發生三年後，他寫出〈你真偉大〉，批判極權統治對血腥鎮壓的罪責，他說中國儒家思想向來講究的孝義與人倫，也應該納入統治者的道德檢驗，每一個人都會經歷自己的童年與青春期，作為父親的也必然曾經作為兒子的身份，為何上一代總不肯聽取下一代的心聲？另一方面，歌詞中的叛逆兒子也指涉香港人面對「九七回歸」的身份思慮，藉着反轉「浪子回頭」的借喻，對抗像〈爸爸的草鞋〉[8]這一類簡化地歌頌浪子回鄉、擁抱家國的

---

[8] 〈爸爸的草鞋〉是葉佳修在 1981 年作曲和填詞的台灣校園民歌，潘安邦原唱，後來經過愛國歌手張明敏演唱後在中國大陸廣泛流行，有關這首歌的創作背景和緣由，可以參考〈歌曲《爸爸的草鞋》背後的故事〉，〈https://www.ntdtv.com/b5/2012/01/11/a629347.html〉。

歌曲（Yiu Fai Chow, 41）！周耀輝清晰地說明了〈你真偉大〉抗逆（家庭）父權與（國族）極權的主題，掌控由「家」到「國」的權力便是父親和統治者，整首歌曲都以「兒子」質詢的口吻出發，針對「老人政治」的腐敗。然而，有趣的是在香港「九七回歸」、或向來愛國論的公式裏，慣常都是以「母親」作為隱喻，寄寓流浪在外、或被遺棄的兒子回歸「母親／母體／祖國」的懷抱，以陰性的國族論述牽動感性的情緒和應，以「養母」比喻殖民者的英國、「生母」代表宗主國的中共政權，而「回歸」就是一趟血濃於水、認祖歸宗的尋根結果，但〈你真偉大〉卻是父子對弈和尋求對話，完全撤除「母親」的位置或代喻，周耀輝以男同志的身份，採取男人的角度切入父子關係，甚至是一種「男男」的角力，兩方因世代（或年齡）差異而權力懸殊，開啟了國族論述另類的性別版圖。

## (4)「後九七」與「後真相」的世紀

「九七」像一條時間的線，香港一下子便跨過了，在線的那一頭是歷史的限期，在線的這一頭是未來的延展，達明一派到底怎樣跨越這一條界限？以及日後無數的政治紅線？1996 年黃耀明與劉以達重組，出版《萬歲萬歲萬萬歲》大碟，以歡呼帝皇的口號提出反諷，彷彿預示日後政治人物無限延期留任的極權狀況。大碟裏有兩首同名不同語的歌曲：〈月黑風高（所多瑪）〉和〈月黑風高（蛾摩拉）〉，前者是粵語，後

者是國語⁹，借用《聖經》裏的焚城故事，隱喻香港的「九七大限」。〈創世紀〉的篇章裏，所多瑪和蛾摩拉被認為是罪惡之城，耶和華最後用天火焚滅¹⁰，周耀輝挪用這個典故，將「香港」比喻「所多瑪」，它的即將毀滅來自政權的易轉，一個資本主義城市落入共產主義國家的手裏，充滿末日情態。歌詞由「我」和「你」的敘述開展，彷彿一對戀人面臨生離死別：

城內我吻你要吻到動動盪盪太嫵媚
城內我愛你要愛到日日月月也妒忌
尚有一班車可將你與我送登天國
但我捨不得祇好送你到你的角落
月黑風高　時間快到
追得到車　趕不到細訴
難得相好　難以到老
我入地獄　你入天國

原有的《聖經》故事敘述所多瑪與蛾摩拉罪惡深重，耶和華決定替天行道，但准許「義人」羅得帶領家人上山避難，途中不能回頭，但羅得的妻子在後邊回頭看了一眼，便變成了一根鹽柱（22）。周耀輝將這個

⁹ 由於這本書集中論述「港式廣東話」的歌曲，所以這裏祇分析〈月黑風高（所多瑪）〉。
¹⁰ 見〈創世紀〉第 18、19 章。

逃亡情節寫入〈月黑風高〉之中，所謂「列車一出發／越過了界限／離開的一刹／記住切莫回頭」，表層是一對愛侶逃避追捕而亡命天涯，仍不免分道揚鑣的收場，內層卻指向一個城市的衰落，「離開」包含逃亡、移民和放逐等各項游離行動，而且不能眷戀不捨，由愛情關係落入政治論述，而「月黑風高／時間快到」的限期，從《聖經》焚城的燃眉之急，指向香港的歷史大限，殖民時期的終結與中央治權的開始，城內的人必須趕緊逃離，假如逃不出，也無法預計命運的結果。歌曲的音樂節奏相當急迫，密集的音符灌滿長句，黃耀明唱來也有一種刻不容緩的追趕、非常黯黑的聽覺感官。

2017 年達明一派發行單曲〈1+4=14〉，回應當世「後真相」的政治現象，以黑色幽默的手法反諷中央集權的荒誕情態。根據美國歷史學者提摩希・史奈德（Timothy Snyder）《論暴政》（*On Tyranny*）一書的定義，所謂「後真相」（post-truth）是指在營造公眾意見時，當權者盡量將客觀事實的真確性與影響力減到最低，「真相」被掩蓋，使它變得不相干和不重要，政權為了達到某種利益關係，更蓄意扭曲事實，反黑為白，真相可以隨時隨意的截取或改頭換臉，而一個政府刻意編造虛假新聞，目的是為了操控人群、掩飾過錯、推卸責任，甚至中傷他人來達到政治利益，說真相的人受到懲罰和噤聲，不但剝奪了公眾的知情

權，也侵害了言論自由，因此，後真相總跟極權主義連成一線，當大眾被奪去相信的能力和權力之後，國家的宣傳機器便進來了（9-31）[11]。黃耀明接受傳媒訪問時候曾說，〈1＋4＝14〉的創作靈感源於喬治・歐威爾（George Orwell）的《1984》這本書，因為裏面常常提到「2＋2＝5」的概念，那是一種不合邏輯、不合常理的事情，卻通過不斷的洗腦而被接受成為常態，是相當可怕的現象，不但是香港目前的境況，也是大世界的趨勢潮流，由美國特朗普（Trump）的總統選舉開始，以虛假輿論製造選情，反照了《1984》當年預言的方向；在編曲方面，〈1＋4＝14〉是電子和搖滾的混合體，很機械式（mechanical）和工業化（industrial）的曲風，營造一種未來的氣氛，利用眾多結他使勁而重複的彈奏，帶來不安的焦慮感覺[12]。這樣複式論辯的「後真相」概念，周耀輝利用簡單的數學公式演化成歌，鋪陳現實政治的洗腦公式，例如歌曲的開首，用含糊的人聲反覆唸着英語字句「one plus four equals fourteen」，而結尾時候卻換上廣東話的「2＋2＝5」，最後一句突然截斷停頓了，變成「2＋2＝」，懸空的答案留待閱聽者自行填上，到底會人云亦云的錯讀「5」下去？還是會否反思應該是「4」的真相？是一個懸

---

[11] 除了參考 *On Tyranny* 一書外，也可以參看我的論述：〈後真相、假新聞和反擊〉。

[12] 黃耀明的解說，見於扭耳仔在〈達明一派 親自導賞〈1＋4＝14〉〉文章中的訪問錄像。

而未決的留白和收結。此外，歌詞插入大量政治術語，包括「大鳴大放」、「和諧」、「寒蟬」和「被消失」，瞭解「後九七」香港社會境況或中國大陸維權事件的聽眾，自然能夠引發相關的聯想，指認那些政治監控和言論審查的困境；而反覆出現的「神」，像「來神經的認／神經的罪／神經的你被出生／神經的人／信神經的神／而神經的我被消失／在世的／不要驚／我是人」，則含有多層歧義，包括神化的政權、造神運動、被判斷精神錯亂而政治問罪的人，「神」相對於「人」，擁有高高在上的權力，能判定生死和統治眾生，但另一方面，「神」也包含「神聖」的意思，歌曲裏指向那些能有勇氣講真話、不說謊的人，對抗不斷機械地重複政治虛假口號的國家機器！

## (5) 地緣政治的權力對壘

香港來到「後九七」的時段，中港接合早已是無法迴避的局面，有內地人藉着單程證的人口政策、或求學、就業的理由來到香港，也有無數香港人為了工作、娛樂和旅遊而來回穿梭邊關口岸，這些人群和活動的遷移帶來社會情緒的變化，也重新規劃了香港與中國大陸的地緣政治，折射在流行音樂上，便有後達明時期和黃耀明的「公路歌曲」。2005 年達明一派慶祝二十周年紀念，出版了《The Party》大碟，裏面有一曲兩詞的一組作品〈南方舞廳〉和〈北地胭脂〉，前者是廣東話，後者是國語版，借南北的地域觀念譜

寫中港關係，尤其是〈南方舞廳〉的南北對立非常明顯──歌詞中的「我」是南方，就是香港，「你」是北方，就是北京的政權，南方被北方管治，但彼此存在許多差異。周耀輝說他特意從香港身處南方邊緣的地理位置出發，書寫在大一統北方政權下的蠢動不安，歌曲開首的「忘掉了你的風雪／忘掉了你的腹語／忘掉了／你彷彿北方神話的／不會飛去的鳥／我卻更稀罕南方的／所有的舞都跳」，以一系列的遺忘的事態，為香港納入國家主權而開啟了新的時代歲月，衹是南和北從來很難融合，在一國的框架下，其實充滿各種地域的差異（Yiu Fai Chow，44-45）。作為一個移民城市，「南北對壘」曾經是香港文化和文學慣常的主題，上世紀五、六十年代出現《南北和》、《南北一家親》等系列電影，都是以說國語的北方人跟講粵語的南方人互相衝突製造笑料，形成喜劇的諷刺效果，「南」和「北」分別代表兩種不同的生活方式與價值觀念。在這種文化基調下，〈南方舞廳〉挪用鄧小平「馬照跑、舞照跳」的政治承諾，扣緊經濟、買賣、聲色娛樂等香港向來被建造的形象，進一步涉入「後九七」中港融合（或不融合）的大背景，架起了小城市、大國家的地緣對抗，從各樣的差異像寒冷與溫暖、追憶與失憶、化灰與再生、假的和真的，帶出同床異夢的情境，而「淪陷了我的都市」更直指香港在社會、法治和民生條件上的倒退和崩塌，北方「冰冷的笑」對着南方追尋的「春色」與「溫暖」，更是南轅北轍

的錯配，而黃耀明反覆演唱「你要」、「我有」的句式，是一種期求一國兩制互不干擾的相處方法。

2008 年，黃耀明單獨出版大碟《King of the Road》，選擇民謠和鄉村音樂的曲風，跟周耀輝繼續推演「公路歌曲」，一種彷彿遊唱路上、邊走邊唱、越過邊境的聲音。黃耀明說《King of the Road》由民歌出發，「像是一個公路旅程，既可以聽到鄉村音樂，又聽到城市的聲音」[13]，他的目的是要通過民謠或民歌輕快、彷彿隨意的節奏，表達日常生活的內容，建立城市民謠的風格，大碟中的〈廣深公路〉、〈同一個世界〉和〈107 國道〉（國語）等都屬於這個類別。〈廣深公路〉是指由廣州到深圳之間的路線，是香港北上的路徑之一，連接內地南部的城市，這是一首關於中港司機的歌曲，一種必須每天往返羅湖、落馬洲、文錦渡、或深圳灣等口岸的職業駕駛者，歌曲帶出兩種想像：家和邊界，例如「能望到 / 最遠那個邊界亦能望到 / 最近這裏總有一個笑容 / 如面前有你照片中穿梭公路中…… / 疲倦到 / 最遠那個家也懷疑就到 / 最近這裏總有一切國道 / 會去到 / 如前面有路」，詞人展開許多公路的意象，描繪一個司機在開動貨車的單一旅途中，交織幻想和理想，像改善生活的經濟、渴望回家的心情、經歷有趣的人事等等，而所謂旅程，必然有

| 13 見陳恆禮的訪問〈鄉音弦情黃耀明〉，版 23。

起點、中途站和終點，沿途看到的風景跟流動的思維彼此交纏，而形成立體的畫面。黃耀明以第一身介入人物的角色，為第二身的「你」唱着路況，伴着口琴跳脫輕柔的樂音，聽着也彷彿走上一段流浪歷程，而一些意象也逐漸由尋常風景轉入另類景觀：「最近這裏總有一剎胃痛／命運像大貨車竟天天操縱……／親愛的／如時代冷酷／也要去上路／如前面有路」，幽微地暗示另一層政治寓意，旅程由個人延伸到城市整體的命運，公路變成前途，而且是冷暗不明的前景，但走路的人（或城市）仍必須迎難而上，無法也不能退下。

2012 年黃耀明和劉以達為重組的「達明一派兜兜轉轉演演唱唱會」發行單曲〈It's My Party〉，並以此作為基調，用嘉年華的狂歡氣息宣揚政治抗爭。黃耀明曾經指出準備這首歌曲的時候，剛好是香港特首的選舉，他說：「這是一個小圈子選舉，就好像 It's My Party，但這個 party、這個黨派我們應該有份參與，這個選舉也應該是我們有份參與的，我們要在我們住的地方爭取回話語權。」周耀輝也解釋歌詞中的「party」既是派對、也是政黨的意思，「政黨是屬於政治層面的，而派對是個人的層面」，他把權力和樂趣放在一起，看看可否用樂趣去跟權力鬥爭[14]？！黃、周二人

---

| [14] 見朱曉玢的訪問：〈黃耀明 X 周耀輝：談 It's My Party〉。

的訪問，交代了歌曲〈It's My Party〉生產過程的政治背景，那是梁振英經由小圈子推選出來、中央人民政府任命成為特首的時節，一個關乎整個城市命脈的選舉，香港人卻被剝除參與的權利，民間那些高度壓抑和捆綁的躁動、憤懣和驚懼，祇能透過狂歡來宣洩：

Party, it's my party...
瘋的約啞的　搶過整個都市的任命　你跳艷舞
我跳脫　來來來多呼喊一次當初呼喊的
．．．．．．．．．

繼續找精靈來繼續革命　慘得過我們想高興
跳入這空城連馬路都應承　中區我的　西區我的
統統我的　統統我想的

歌詞中透露了一個非常玄妙的地緣政治，所謂「跳入這空城連馬路都應承／中區我的／西區我的」，在當時 2012 年來說，暗指管治香港的到底是中環的金融經濟？還是西環的中共政權？在一國兩制之下，一個城市其實沒有真正的自治，而是在各方勢力匯合中央集權下被裁決和擺佈。正如周耀輝所言，香港的一些政黨「好像在代替我們決定這個社會應該怎樣安排，但他們做了甚麼？一些他們以為是秩序、以為是和諧的東西，但其實我不覺得這是在製造一個好的社會」[15]，

| 15 同註 14。

這些政治黨派因應個人利益附和中央權力，每日喧嘩熙攘，並沒有為香港謀取福祉，而是要壓下各樣反對的聲音，擺出和諧的假象，操控社會的局面。然而，經歷 2014 年的雨傘運動後，〈It's My Party〉的地緣政治卻映照另一種層次和指涉，由「中區我的／西區我的」到「繼續找精靈來繼續革命⋯⋯尖東我的／灣仔我的」，便想起了佔領金鐘、銅鑼灣、旺角等公民抗命的情景，人群聚集馬路，在街道築起帳篷，或留守、或架起高台辦起民間講堂，而最後的詞句「前塵未定派對不停／年年月月我跳我的／叫生命」，一方面顯示「革命」是長遠的鬥爭，向極權階級爭取民主和自由，絕對不是一時三刻可以達成的使命，另一方面也挑明祇有通過這些抗逆，我們才能完善自己的生命，這是香港人不能趨避的命途！

有些歌曲不耐於閱聽，必須有現場發生的事態（happenings）才能發揮效果。先前說過，〈It's My Party〉是為「達明一派兜兜轉轉演演唱唱會」而製作，單從閱聽的角度評析，會發現無論是音樂、編曲還是歌詞都比較單調重複[16]，但放在演唱會的舞台上，卻更能發揮這首歌曲的諷刺意味，重複的字句和旋律有助於帶動現場熱鬧狂歡的氣氛，而舞台設計的團隊更利用大型屏幕的文字投映，加強了歌詞原有諷喻的多

---

[16] 這些批評，見於 YouTube 頻道上的留言：〈https://www.youtube.com/watch?v=apF_Fv1AxQo〉

元面向——前台是黃耀明拿着咪高峰以跳躍的舞動和身段聲演歌詞，後景的屏幕卻跟着歌詞不停變換兩組文字名詞：第一組是政治黨派的問好，包括「民主黨、民建聯、社民連、公民黨」，還有辛辣調侃的「地下黨、手袋黨、排隊黨、地產黨、共產黨」，第二組是人物名字加上「同志」稱號的問安，有「小平同志、曾鈺成、田北俊、長毛、董建華、曾蔭權、梁振英、唐英年」等人，重點是來到後面歌手自稱「黃耀明同志」、「我是同志」的宣告，在這裏，「同志」既是政治夥伴，也是同性戀者的意思，歌曲的寓意來回穿梭政治與性別的議題，黃耀明一人兼演兩層象徵的角色，在眾人歡鬧、眾聲喧嘩的時代裏，尋求政治身份和性別身份的開放認知、自由選擇和民主平權，由是〈It's My Party〉的意義拓闊了，而且也必須經由黃耀明自身的符號（包括抗爭的立場、男同性戀者的取向），才能淋漓盡致的發揮完整而圓滿的效果。

## 結 語

從 1985 年到 2020 年，三十五年來達明一派和黃耀明從未停歇，以歌曲盛載香港政治時代的風雲變幻，那份創作的堅持並不容易，也是香港流行音樂史上非常罕見的事例；當然，他們不是唯一演唱抗議歌曲的組合和創作歌手，在他們之前有黑鳥樂隊，跟他們同期有太極、Beyond 和軟硬天師，在他們之後有 LMF 大懶堂、RubberBand、My Little Airport 等等，

但能夠成功游走於主流與邊緣之間而運行不息，超越時間和空間而無遠弗屆，他們是香港罕貴的聲音。黃耀明認為身份認同往往因社會危機而萌生，他說：「最初對香港這個地方有感情，是八十年代中期，剛知道中英要談判香港回歸問題時，我突然在那時候有一種好強烈的、香港的身份。原來當你失去的時候，才知道在乎，原來英國人要將我哋交畀大陸政府，我哋無話事權的，祇有生母同養母傾，我哋自己呢？無咗自己，然後你先會去尋找自己的身份。[17]」上世紀八十年代的中英談判與「九七回歸」，可說是突如其來的降臨，衝擊香港的普羅大眾，而且自 1967 年暴動平定後，在港英政府殖民政策的調整下，城市穩定的生活和全速前進的經濟發展讓香港人安於現狀，從未想過有一天現況會突然翻天覆地，加上 1989 年的「六四」事件，許多人擔憂安穩會否動盪？繁華會否衰落？自由會否被剝奪？達明一派便是在這種社會氛圍下誕生、然後同步成長。正如周耀輝寫給黃耀明的歌曲〈平安鐘〉唱道：「時代多顏色 / 傷痛無色」，上面黃耀明的話語，正說出了一種因失去而追尋的覺醒，也是幾代香港人共同的集體意識，身份的危機感形成焦慮，讓香港人思考殖民的、國族的和本土的身份到底是甚麼？個體可以有怎樣的選擇？另一方面，流行音樂除

---

| [17] 見林茵的訪問〈明哥要如何愛下去〉。

了娛樂的功能外，對黃耀明來說，更多是時代的一面反光鏡，不是要機械地映照現實的面貌，而是以反叛或抗逆的姿態面對社會的陰暗面，挖出常態以外的扭曲、人性面具下的偽善、權力包裝慾望的內層橫蠻等真相，達明和他們的閱聽者要的不是歌舞昇平的假象，而是撫平遺憾的安慰、勉勵堅持和守護的決心，以及激發抗爭的力量。

在另一個場合裏，台灣音樂評論人張鐵志也轉述黃耀明的說話，指出他之所以成為一個很政治性的歌手，是沒有選擇的結果，因為他和達明都「被政治了」，他是用自己的音樂和演唱會回應這個時代，但不是甚麼議題都可以放進歌曲裏，因為那會變成政治宣傳，而張鐵志也補充說即使是抗議歌曲，也應該有音樂美學的高度，而不祇是教條的宣傳，音樂的力量畢竟在於能夠打動人心 [18]。張鐵志提及的「音樂美學」與「打動人心」，便是弗里斯闡釋的「情緒聯盟」。事實上，在一堆主流的、商業的流行曲、或唱好香港和討好政權的官方歌聲之中，閱聽者選擇達明一派或黃耀明的作品，也是一種社會行動，誠如弗里斯論述的「倫理判斷」，落入香港的文化背景上，便是民主、自由、平權等普世價值的追求，這個章節選擇分析的文

---

| [18] 見張鐵志的專欄文章〈與黃耀明談音樂與政治〉。

本，從〈天問〉、〈你真偉大〉、〈黐孖根〉、〈月黑風高〉、〈1＋4＝14〉到〈南方舞廳〉、〈廣深公路〉和〈It's My Party〉，都可印證一些脈絡；當然，流行音樂不是社會實錄，自有它的美學構成，電音、中樂或民謠的編曲或音樂混合，歌詞時而隱晦的意境、時而張狂的諷刺，便是演出者和閱聽者的美學品味，許多樂迷在網絡留言表示為了劉以達那些迷離的曲風、層次多元環扣的編曲，鍥而不捨的追隨[19]，而達明和黃耀明在周耀輝的文字建造下，記錄了城市的蒼白、浮動不安與崩塌，也唱出了群眾的理想和熱望，藉着歌曲題材的深度提煉，閱聽者拓闊自己的文化視野，藉着歌音的共鳴，閱聽者建立個人的身份，聚合起來便編織成香港流行音樂的時代光譜！

[19] 在 YouTube 頻道上，有關達明和黃耀明歌曲的留言欄都可以看到這些留言，而且數量龐大。

# 第 **2** 章

## 蝴蝶總比沙丘永久
### ——達明一派與黃耀明的末世愛情

　　「愛情」是人生大事，也是流行音樂的主流，不分年齡、種族、階級、性別和性向，我們愛聽情歌，容易代入歌曲的主角，無論暗戀、相戀、失戀或苦戀，都充滿自我沉醉和投影。夜闌人靜的孤獨或失眠夜的輾轉反側有歌相陪，能夠淨化現實的殘酷，提升戀愛失敗者的尊嚴，連失去也變得悲壯而魅惑；鬧市中戴上耳機，穿梭往來的人群，霓虹與人聲擦身而過，但耳裏有歌手安撫的嗓音和感情，能夠讓人穩住失落的情緒繼續走下去。曾經在一些公開講座上，有聽眾分享她如何借助情歌度過離婚的黑暗日子，說着說着忍不住聲淚俱下；也有年輕學生告訴我，怎樣將一首失戀歌曲聽到滾瓜爛熟，直到重新振作起來。有時候，日子消逝而人面全非，當那些旋律和歌音再度響起，腦內的意識彷彿「回到未來 / back to the future」那樣追溯情節，剎那將我們帶回失去的時光和失去的

人，情歌跟戀愛一樣可以刻骨銘心！然而，我們到底如何閱聽情歌？是聽填詞人還是歌手的故事？一首情歌究竟有幾把聲音？當情歌為我們代言的時候，我們怎樣擺放自己？同樣是「愛情」的題材，我們讀一篇愛情小說或一首情詩，跟聽一首情歌的經驗不會一樣，無論是感官、想像、移情、反思和寄寓，「情歌」帶出跟「情詩」截然不同的效果，藉着音樂的帶動，聽歌比讀詩更容易普及、記誦和自行演繹[1]。這個章節由「歌詞」的聲音說起，論述歌曲運作的言說行動，再落入達明一派與黃耀明的末世愛情歌曲，看文字、嗓音、聲情和人物互相滲透的閱聽情境！

## (1)「歌詞」的言說行動與「嗓音」的四個面向

西蒙・弗里斯（Simon Frith）的經典著作《表演儀式：論流行音樂的價值》（*Performing Rites: On the Value of Popular Music*）中，有兩個分別論述「歌詞」與「嗓音」的章節，能夠提供複雜而多元的界面，幫助我們切入剖析達明與周耀輝合作的情歌版圖。〈歌曲作為文本〉（*Songs as Texts*）的篇目標題，點出了「文字」以「歌詞」形式在「歌曲」運作的情況，弗里斯

---

[1] 有些情詩會被譜曲演唱，但那是另一個故事，它本來是詩，後來才成為歌，譜曲之後是否「好聽」，是另一種評價，但情歌本來是歌，能否當成詩來讀，要看文字的質感跟讀者轉化的方法！有些歌詞可以很有詩意，但它是以「歌」的修辭方向和形態被創作出來！

① 政治、愛情與抗爭・53

開宗明義指出歌曲的意義產生來自文字，但我們無法「讀歌」，無法用說話的方式讀出歌詞，因為歌曲的文字都是寄存在音樂的模式之中，是演唱出來的，跟詩歌或抒情詩不同（儘管它們共用一個英語 lyrics），歌曲的字詞祇能用旋律和節奏來念記，因此，單純地分析歌詞會甩掉了那些字詞作為歌曲存在的特性與形態（158-161）。一首歌的運作，不單在於它說了甚麼內容，還在於它如何說的形式，當中牽涉至少兩個層面，第一是字詞的修辭排列，第二是主唱者的聲音介入，兩者合起來就是「言說行動」（speech act），那是一種「表述」（expression），藉着字詞的唱演，牽引聽眾進入認知的情緒和判斷的意識；假如我們要研究歌詞，不能單單處理文字的意思，而是文字的表演情態，歌詞作為一種修辭，必須圍繞演唱者和閱聽者的關係（163-166）。弗里斯的理論帶出一個常常被誤解和忽略的重點：我們是唱歌而不是「讀歌」，變成了歌詞的文字是一種修辭和藝術形構（等於變成了詩或戲劇的文字屬於不同的類別），它跟隨音樂而來，也不能脫離音樂而去，即使是最接近口語的 Rap 歌，也講究節奏和韻律。曾經在課堂做過一個實驗，邀請學生選擇自己最擅長和最熟悉的歌曲，然後將歌詞朗讀出來，結果不是走音甩字便是採取慢慢哼唱的方式才能完成。然而，作為「言說行動」的歌詞到底怎樣建成、演繹和聆聽呢？

在〈聲音〉（The Voice）一章中，弗里斯進一步拆解歌詞的構成，以及聲音演繹的四個步驟。首先，他說打開一頁歌詞，我們從「代名詞」（pronouns）及其移換開始詮釋，裏面常常發現有一個「你」或「我」、或「他」與「她」跟我們說話，這是歌詞寫在紙上一種自我顯露的敘述（narrative），當中包含「你」和「我」在言說與聆聽、閱讀和書寫之間的雙重溝通。然而，歌詞的閱讀（或聆聽）不是隨意或任意的，而是填詞人早已設定的，通過他／她的語言運用或人物建構，帶領我們參與其中，內裏有一個「作者聲音」（authorial voice），蘊藏填詞人的個性、風格和個人表述。然後，我們合上歌詞聽歌，便有一把聲音進入聽覺的感官系統，毫無疑問這是歌手的嗓音，於是便帶出一個問題：歌手的聲音跟上面所說字裏行間的填詞人聲音，到底是甚麼關係或如何結合？這裏牽涉一個演唱者的主體存在和個人傳記，那是一把真實的、關乎一個真人存在的聲音，包括他／她的個性、人生經歷、潮流形象，甚至政治立場和社會態度，都會帶入歌曲的字詞裏，是聲情構造的來源（183-186）。然則，演唱的嗓音如何帶動字詞的發聲？之間有甚麼張力或矛盾？

弗里斯指出「嗓音」有四種形態：第一是「聲音作為音樂器具」（the voice as musical instrument），一把嗓音自有它的音高（pitch）、音域或音區（register）

和音色特質（timbral quality），它彰顯性別，產生「音樂的色性」（musical sexuality），那是演唱者從個人生理性別的辨認（是男歌手還是女歌手），到情色感官的牽動與刺激（異性戀、同性戀或多元性向），即所謂「音樂的誘惑」（musical seduction），因嗓音演繹歌曲帶來親密而私人的溝通，撩動閱聽者的情緒、以至身體的和應（187-188），這樣便落入第二個形相：「聲音作為身體」（the voice as body）。一把聲音來自一個身體，所謂發聲是經過胸肺的呼吸、喉嚨與嘴巴的開合活動而來，非常物理和物質的身體存在，事實上，嗓音是身體的表述之一，我們聽到一把聲音，自然聯想這把聲音的主人，而更重要的是閱聽者也有身體，經由歌手的聲音也會帶動自我身體的反應，像強勁節拍牽引脈搏快速的跳動、舒緩的旋律能夠放鬆肌肉，聽得興奮或投入時會隨歌附和合唱；此外，身體裝載情緒，歌聲裏各樣哀傷、恐懼、色慾、狂喜或憤怒等不同程度的感覺，也會經由歌曲傳入閱聽者的心理接收，因此，聽歌其實是一個身體與身體的溝通過程；除了色性，聲音的身體還讓我們認知年齡、種族和階級的屬性，而中性、陰柔或陽剛的音色更帶來許多關於跨越性別的文化建構，例如男（低）音女唱、女（高）音男唱、或男性假音的雌雄同體等等（191-196）[2]。第三是「聲音作為人」（the voice as person）的存在，關乎「聲音的身份」（vocal identity），由一把嗓音辨識一個特定的

人，弗里斯強調在日常生活裏，我們其實往往依憑聲音認知和記憶他人，並從對方說話的情態判斷事情，聲音仿如指紋，是一個人的存在印記，個性強烈的歌手都擁有獨一無二、與眾不同的嗓音，形成「聲音人格」（vocal personality），架起了整體個人形象；當然，聲音可以偽裝，在演唱和表演的技藝裏，模仿他人的風格、或某種類型的嗓音，都是歌手常常因應歌曲需要而刻意鍛煉和實踐的（196-198），這裏帶出第四個面向：「聲音作為人物」（the voice as character）。先前說過，流行歌曲是一種敘述，裏面有無數組合的代名詞跟閱聽者訴說故事，歌手為了演繹這些人物而必須扮演，無論是扮成情深款款的愛人、義薄雲天的勇士，還是空虛痛苦的失戀者，他／她必須借助聲情的灌輸，猶如電影演出那樣將曲詞的人物故事帶出感染的能量，這時候我們聽歌，是在聽一個歌手扮演一個角色細唱一些情節和情緒，我們或移情代入、或冷靜思考，端看選擇怎樣閱聽的位置，但歌手與角色能否二合為一，卻在於音樂、歌詞和演唱等三方面的配合是否天衣無縫（198-200）！弗里斯這套論述，打開了流行音樂評論的界面，從最基本出發，一首歌包含至少三把交錯的聲音：填詞人自己的、演唱者個人的、

---

2　弗里斯在這個部分引用了羅蘭・巴特（Roland Barthes）的 Grain of the Voice 來闡釋嗓音的一些特性，為免重複，我留待第四章分析麥浚龍的歌聲時，再回歸巴特的理論，同時論述麥浚龍如何透過「假聲」演繹雌雄同體的歌曲。

歌曲角色人物的,然後還有作曲、編曲、樂器演奏家等多種介入,可以說「流行曲」其實是眾聲喧嘩的文化成品!

　　如果說流行曲具有多重聲音的摺疊,那麼閱聽者或評論人的詮釋也不能避免複式的整合,內裏總有多層含義的演化,能夠拆解多少視乎兩種先決條件:首先是歌曲本身的文化與藝術深度,「流行音樂」作為「流行」的類型不能脫離大眾市場的需要、定律和規範,能夠打破或游走這些機制之間而又能保存獨立思考的作品,通常擁有較豐富而深刻的表述;其次是詮釋者的觀照方法,誠然如羅蘭・巴特(Roland Barthes)所言,音樂評論是眾多論述中最困難的,因為採用語言分析音樂容易變成形容詞的堆砌[3],而且一首流行曲的生成牽涉不同崗位的創作人,當歌曲落入市場更連結許多行動單位,然後閱聽者千差萬別,再經歷空間的流播、時間的淘洗,歌曲累積的意義便以幾何級數遞變,何況任何一個評論人儘管如何多元和跨界,也沒有可能擁有全才,能夠反轉單一論析的視點已經很不容易了!基於這些前提的設定與限制,在達明一派、黃耀明和周耀輝這個「程式」裏,我選

----

[3] 巴特的經典文章 The Grain of the Voice 開首兩頁,便指出音樂評論的困境,雖然集中討論古典音樂,但到了文章的後半部,已經說明可以落入流行音樂的範疇,尤其是他以「聲音」作為切入點,企圖建立論述歌曲的可能。我的挪用與轉化,見本書的第四章。

擇文字化成演唱的聲音，以「情歌」作為主題，潛入
香港的時空，折射歌曲的情感意念，便是一種企圖打
開缺口、又縫補不足的險中求勝了！

## （2）黃耀明的音樂與聲音概念

　　「時代轉變，聲音也在改變」——黃耀明這樣說[4]。
對他而言，歌曲的聲音有兩種，一是音樂，二是個
人的發聲。首先，黃耀明自小熱愛音樂，他跟作曲
人于逸堯對談的時候解釋：「小時候，我覺得我的一
生都是因為有音樂，而令我的生活變得更好。所以我
希望以後的人，也會因為聽到音樂，而令生命變得
更好……因為音樂是最容易去觸摸到人的感情上去
（212）」，這裏他說的是廣義的音樂力量，「音樂」帶
來美好的影響力，是他的信念和生命實踐，另一方面
也指向他的音樂選擇。過去三十幾年來，他和劉以
達、人山人海等拍檔，在音樂類型上做過許多實驗和
推動，音樂評論人黃志淙歸結出來的，有上世紀八十
年代的廣東電子歌曲，通過技術和形象的包裝與轉
化，用尖銳而前衛的西方電子聲音，表述當時香港人
的心聲，出現嶄新的 Canto-pop 語言和符號；偏離電
音路線之後，他們嘗試帶入其他的音樂類型，像〈你
還愛我嗎？〉的牙買加節奏、〈天花亂墜〉的拉丁風格，
此外還有 Gothic Rock、Country、Reggae、英倫新浪漫

---

| 4 見 Ben 的訪問〈Sound: 聲聲作樂〉，頁 41。

和中式小調等等，甚至將這眾多類型混合變種（63-64）。這些都是達明和黃耀明的樂聲，是歌曲的音樂類別，是他們每個階段的歷史發展和美學選擇，標誌一些音樂的冒升與沉寂，銘刻了時代變遷的痕跡。此外，黃耀明同時也十分在意生活的聲音，認為處理得宜，噪音也可以好聽，變成充滿設計的音樂，而人聲也是重要的元素，有時候會利用人的呻吟或說話做出效果，注入歌曲之中[5]，於是，一首歌曲的演唱，除了主音之外，和音與聲效也常常為歌曲的面貌，引發決定性的作用。

其次，黃耀明擁有個性獨特的聲音，抒情的時候很輕柔，諷刺的時候帶點幽默的戲謔，單憑聆聽便很容易讓人辨認出來，尤其是演唱情歌的時候，質樸的嗓音散發純淨而自然的性感（另一種矛盾合成），看得出是經過仔細琢磨卻不露痕跡，因為他一直十分在意聲情的表達：

> 我相信是我喜歡的歌手及音樂類型，影響我唱
> 歌的方法，可以說是經過設計。或者最初是想
> 扮某些歌手，久而久之，就磨合成自己的一部
> 份，唱出自己風格⋯⋯我的聲音很脆弱，或許
> 是我唱歌、運音的方法，容易傷聲⋯⋯多年來

| 5 同註 4。

我比較喜歡利用自己的聲音表演，沒有學習樂器，可能我身邊有太多出色的樂手[6]。

對黃耀明來說，嗓音也是「樂器」的一種，用以表達音符的旋律和節奏，歌手的身體仿如一個器具，不單發出聲音，也傳遞情感和存在的意識，這就是「聲音表演」，一種 vocal performance！我們在聽一把嗓音，也在連結這個身體的存在，以及這人的個性和經歷，包括他的政治取向、社會關懷和愛情觀點。在另一個場合，黃耀明跟于逸堯進一步提問：「究竟甚麼是創作呢？是否寫了那個旋律，寫了那個歌詞，就是創作呢？其實不是的，例如那個打鼓的人也好應該包含在整首歌的創作裏。」他強調有些歌唱者以自己獨特的方式唱歌，給予那首歌許多新生命，其實他們／她們也是創作者（214）。我很高興黃耀明能夠從自身作為歌手（也是作曲人）的角度，拉開了、其實也還原了歌曲的存在形態，連「鼓手」也是創作人，那是包羅編曲和演奏的範疇，一首被唱的歌，是複合的創造與製作，牽涉無數生命個體才能完成。不是音樂訓練出身的我，這裏祇能夠從達明一派和黃耀明的歌曲中，分析弗里斯論述的三重聲音：詞人的、歌手的和人物角色的，或歌曲化成舞台表演後，音頻和意象的視覺變化，但作為一個評論人，或許我可以再加一重聲音，就是閱聽者在接收與自我轉化後的內心和應！

| [6] 同註 4，頁 42。

## （3）天譴的愛情與離別的彌留

在達明一派行走獨立樂隊的時期，周耀輝寫過三首非常流行、而且評價很高和穿越時間考驗的經典作品，分別是 1989 年關於跨性別戀愛的〈忘記他是她〉、香港第一首書寫愛滋病的流行曲〈愛在瘟疫蔓延時〉，以及 1990 年極盡華麗而頹廢風格的〈愛彌留〉。這些歌曲，不但標誌黃耀明多元性別的先驅者身份，同時也為周耀輝日後情色創作奠立了基礎，他們一起同行數十年，下開 1992 年的〈愛比死更冷〉、1995 年的〈一千場戀愛〉和〈萬福瑪利亞〉、2003 年的〈黑房〉、2005 年的〈給你〉、2006 年的〈維納斯〉和〈眼淚贊〉[7]等等。以男同性戀者的身份為同樣性向的歌手創作情歌，周耀輝不是唯一的人，但他的文字、語感和修辭排列，跟林夕和黃偉文很不相同，尤其是帶有唯美傾向的遣詞造句、充滿自我沉溺的戀戀風情，巧妙地配合了黃耀明滄桑、纏綿而陰柔的聲音，可以說，當黃耀明演繹周耀輝的歌詞時候，能夠釋出一種奇異的化學作用，那是由「愛」到「慾」、從情緒到身體的連結；另一方面，由於周耀輝擅長「曖昧」的敘述，讓歌曲

---

[7] 周耀輝另有兩類跟情歌相關的創作，第一是反思主流「情歌」的單一和壟斷，包括〈天花亂墜〉和〈借借你的愛〉；第二是以愛情比喻政治，代表作有〈皇后大盜〉、〈恐怖分子〉和〈你情我願〉等等，限於篇幅和論題架構，這裏不作討論。當然，這兩種愛情借喻的運用，不限於周耀輝一人，潘源良和陳少琪也做過許多類近的嘗試，像〈同黨〉、〈你還愛我嗎？〉、〈你你我我〉和〈大亞灣之戀〉等等。

的愛慾對象雌雄莫辨，能夠給予閱聽者多重的幻想，即使是異性戀的社群，也能輕易將自己導入歌詞書寫的情境而移情自況！

〈愛在瘟疫蔓延時〉是周耀輝第一首入行作品，也是香港第一首關於「愛滋病」（AIDS）的歌曲，歌名來自拉丁美洲魔幻現實主義作家加西亞・馬爾克斯（Gabriel García Márquez）的同名小說《愛在瘟疫蔓延時》（*Love in the Time of Cholera*）[8]。上世紀八十年代，「愛滋病」是一個禁忌和污名，常常被大眾連結同性戀者（尤其是男同性戀）的負面形象，認為那是一種無法根治或醫治的絕症，來自人類「異常」的性行為，是上天降臨的懲罰和警告，卻完全漠視其他不安全的異性戀性行為、性工作者被剝削、落後農村非法賣血導致感染等各種因由，意圖將「愛滋病」等同異性戀以外所有多元性向的罪責。基於這些社會的脈絡背景，當時談論愛滋病或同性戀都不是容易的事情，常常落入被標籤或攻擊的陷阱，因此，〈愛在瘟疫蔓延時〉寫得相當隱晦，如果沒有創作者的披露，單憑閱聽實在很難知道歌曲題材的原委[9]。周耀輝借用了許多「大

---

[8] 這本小說在中國大陸、台灣或其他華語地區，有中譯為《霍亂時期的愛情》的版本，而這裏引用的作者名字和書名都來自香港的翻譯。

[9] 見劉以達的解說，刊於袁智聰：〈達明一派：從頭重拾這印象（1）：公路訪問〉，頁16。

自然」的意象，以相對地古典的文句，形構一種類近低迴控訴的語調：「風吹草動蕩滿天／風聲淒厲伴鶴唳／心即使浪漫似煙／風沙掩面願躺下睡……獨舞疲倦／倦看蒼生也倦／懼怕中葬身無情深淵／獨舞凌亂／亂叫吼心更亂／懼怕中這地靜聽天怨」──如果說「愛滋病」被認為是一種上天對同性戀的降罪和懲罰，那麼這首歌的敘述便是帶着原罪的哀痛，刻意圍繞控訴這種「天譴」而來，不在於雄辯滔滔的說道理，而是着力呈現被社會排斥和壓迫的性小眾心理，因為被界定為「異常」，便不能「正常」地生活，原是應該人人平等而愛，但礙於世俗的道德、宗教、甚至政治和法制，有一些愛不被允許，不但不能光明正大的追求，而且還需要壓在黑暗的角落，承擔風險和孤獨，舉步維艱也步步為營。周耀輝詩意的文字，唱在黃耀明頹廢的嗓音裏，以呢喃的歌音載滿末世的情懷，尤其是電結他質樸、迴環往復、仿若催眠的彈奏，配合模仿風吹的人聲和音，將人帶入沉溺的絕地，營造了生死契闊、與子成說的滄桑世道！

〈愛在瘟疫蔓延時〉書寫面對世紀絕症的生關死劫，在情歌主流的市場上，這樣的題材十分另類偏鋒，在不能觸碰大眾禁忌的地雷下，歌詞採取暗渡陳倉、意在言外的修辭取向，閱聽者必須有所參照才能恍然大悟，否則便會當作一首失意的情歌來聽，另一首歌曲〈愛彌留〉也有類近多種歧義的語言風格。〈愛

彌留〉關於人世間的生離死別,卻一直被認為晦澀難懂,坊間和網絡有不少意圖解碼的「詞評」,逐字逐句分析歌詞的意思;此外,由於歌曲收錄於 1990 年出版的《神經》大碟內,跟〈天問〉和〈十個救火的少年〉放在一起,不少聽眾相信歌詞的主題影射「六四事件」與「九七回歸」,在政治環境即將逆轉的風潮下,歌中的主角必須離開愛人遠走高飛[10],甚至有人認為歌詞中的「你」,除了愛人之外,也可以指向社會,「甚至關乎香港主權移交的事件,藉詞作抒發對這片土地的眷戀。」[11]後來周耀輝解釋寫〈愛彌留〉的時候,正是他即將離開香港、移民荷蘭的前夕,是一首關於離別的歌曲,然而,在當時那種政治和社會的氛圍下,讓人聯想這是獻給「六四」亡魂的輓歌、或因「九七」而出走的暗喻,也無不可[12]。事實上,〈愛彌留〉的曖昧、晦澀和歧義,正是它的魅力所在,也是早期周耀輝文字詩意的力度表現,歌詞以主體的「我」跟客體的「你」訴說,卻充滿「懇求」的語調:

　　請收起你的溫柔　　浮在水仙中的殺手
　　請收起你的風流　　垂在鐘擺間的借口
　　明白我始終必須遠走

[10] 相關的說法,可以從 YouTube 的留言、〈愛彌留〉標題下的網誌見到,由於數量太多,此處不贅。

[11] 見江離的臉書專頁〈分析周耀輝的愛彌留〉。

[12] 見白琳的訪問〈填詞人周耀輝:有燭光有希望〉。

但請不要為我憂愁　蝴蝶總比沙丘永久

但請相信我的荒謬　縱使真的不想遠走

明白我始終必須遠走

從文字的修辭看，這首歌主要有兩種引人入勝的技法，第一是詩意的斷裂，那是斬斷語法原有的規範，違反句式慣常的應用，不求清晰的溝通或狀況說明，而是刻意營造驟看起來不知所指、深層構想後便能夠產生豁然貫通的理解。例如歌詞的第一節，語句之間缺乏邏輯連貫，語意非常模稜兩可，甚至帶點港式「無厘頭」的氣息，像「水仙的殺手」和「鐘擺的借口」，主語和謂語、或前言跟後語基本上沒有必要的關連，但擺放一起卻又能夠產生返思——「水仙」可以是一種花的植物，也可以是神話原型中象徵自戀的水仙子（narcissus），聯繫前面的「溫柔」和後面的「殺手」，便暗示了愛情的雙面刃，愛與恨的交纏共存、愛人和愛己的衝突；至於「鐘擺」，可以指向時間或時限、一個離別的限期、或一種風流雲散的關係（當然也可以解讀為城市的歷史終結）。第二是矛盾句，將兩種看似無關、彼此排斥或對立的東西並置一起，產生相反相成、相生相剋的效果，例如第二節的「蝴蝶總比沙丘永久」，無論是「蝴蝶」還是「沙丘」，其實都不永久，而且相當脆弱，而「請相信我的荒謬」，更是自我解構、自我抵消的承諾，「荒謬」如何可信？即使能夠信任也荒謬可笑，然而，愛情本來就是無法解

釋、不合邏輯、不講理性、不求結果和功能，歌詞完全道出戀愛者的心理本相和情感狀況，愛得狂熱的時候便是斷裂、反邏輯和充滿矛盾。在這些字句排列而來的情態下，歌曲中的懇求「請你」，其實也載滿「狠心」或「狠勁」，這是一首愛人「我」即將離去，而對象「你」必須捨棄和接受的情歌，纏綿地決絕，絲毫沒有眷戀的餘地，但越是柔媚地分手，越是無法割捨，聽這歌的人，既要無奈接受失戀，又要越離越愛，這是歌詞中矛盾句造成的情感效果。接着的副歌部分，由愛慾的二人關係，轉入了生命的哲理，字裏行間排滿意象，卻非常抽象：

像我這永沒法解釋的蒼白　　像永遠蓋着撲克
像永遠在轉圈圈的筆畫　　一生不過揣測
像我這永沒法青春的生命　　像永遠轉換佈景
像永遠在轉圈圈的花瓶　　一生不過一聲
沒一刻可以安靜

這個段落，同樣佈滿彼此之間沒有關連和邏輯的物象，字句的修辭目的，不在於跟閱聽者說明甚麼人生或愛情道理，當然也沒有起承轉合、脈絡分明的人物或情節，完全是斷句、斷章的構成，但不是單薄的概念，而是厚重的具象，像蓋着的撲克、轉圈圈的筆畫和花瓶等等，閱聽者跟着音樂和歌聲流轉，腦中自然映現這些具體的物件，再由物件產生意義的聯想，從

而建立自己的詮釋內容。譬如說，「沒法解釋的蒼白」是人面，「蓋着的撲克」是不能預測的命運，「轉圈的筆畫」是重蹈覆轍，「轉圈的花瓶一生不過一聲」是生命的碎裂，諸如此類的延伸，可以構築許多不同的話語意義。黃耀明作曲和演唱的〈愛彌留〉一直是我最喜歡的歌曲，慢板的電音抒情，有一種時光流逝、青春耗損的頹廢美，尤其是副歌的部分，旋律激盪而音域高亢，黃耀明唱來散發一種迴蕩盤旋、欲捨難離的沉淪，如同城市的宿命感傷，愛一個人或愛一個地方而必須遠走，是帶痛的割切！

## （4）代名詞缺席的跨性愛

〈忘記他是她〉是周耀輝和達明一派合作的另一首邊緣情歌，原收錄《意難平》大碟中，黃耀明作曲，夾附唱片裏的歌詞，「他」和「她」被省略了，出現一個曖昧的空格：

忘記□　是哪麼樣
祇記起風裏淌漾
玫瑰花盛開的髮香

忘記□　是哪麼樣
祇記起寬闊肩上
紋上鐵青色的肖象

忘記□　是哪麼樣
祇記起街裏闖蕩
迎我歸家溫馨眼光

忘記□　是哪麼樣
祇記起粗糙頸項
承載鋼鐵一般堅壯[13]

這是一種非常奇異也歧義的閱聽情態：在翻閱歌詞的
視覺上，有一個字詞留白的空位（我在上面以「□」
標示空出的字詞），但在聆聽的過程裏，卻聽到歌手
唱出許多「ta」的發音（即是「忘記『ta』是哪麼樣」），
卻不知是「他」還是「她」？於是空掉了的代名詞便
由閱聽者自行填補。周耀輝這種修辭策略，刻意抹除
代名詞的性別，增加了性別的多元流動、打破一男一
女固定異性戀的模式，歌曲的戀愛形態可以是男女、
男男或女女，甚至隨段落不停變換，從而建立寬廣的
想像區域和閱聽效果。歌曲去到副歌的部分，代名詞
的性別才清晰出現：「愛上是他是她是他給我滿足快
樂／是那份美麗的感覺／愛我是他甚麼是他不理上
演那幕／忘記他是她不知覺」，顯示愛到情濃根本不
在意對方的性別，或脫離了現世的區分、昇華了身份

---

[13] 這裏的引用根據唱片的歌詞，網上有許多錯誤版本，包括
為歌曲補回略去的代名詞，或將副歌的他和她搞亂了次
序。

的限制，因為愛的是那個軀體和主體，以及由此而來的情愫與慾望。周耀輝排列了許多「身體」的意象，像「玫瑰花盛開的髮香」、「寬闊肩上紋上鐵青色的肖像」、「粗糙頸項」和「柔軟繞心間的笑聲」等等，由肉體而來的感官世界，包含氣味、視覺、聲音和觸感，從外相到情感交流、再到性愛的歡愉，那份激烈的吸引和契合是相愛的因由。然而，這首歌曲後來由「聽」變成了「看」的界面，文字被視覺化之後產生了相連又相異的效果。

1989 年的〈忘記他是她〉曾拍成音樂錄像，由電影美術大師張叔平操刀，畫面流麗朦朧，抓住了歌詞的曖昧成分和電音的迷離格調，兩男一女的愛恨糾纏，在非常王家衛式的慢鏡停格及手搖鏡之下，泛出一波一波的情慾變幻與爭持，一頭鬈髮的黃耀明、捧着一隻雞在吹奏的劉以達，還有披散長髮卻拿着尖刀在舊樓走來走去的葉晨，沒有清晰的情節，祇有破碎的段落，營造不落言筌的想像，或刻意偏離「正常」的意境，很有 cult 片的異端和怪誕風味，在上世紀八十年代來說是走得很前的破格之作。到了 2012 年的「達明一派兜兜轉轉演演唱唱會」上，經由錄像設計師的投映畫面，黃耀明進一步將這首〈忘記他是她〉連同陳少琪填詞的〈禁色〉一起演繹，作為正式公開出櫃的宣言。舞台的後景掛起巨大的屏幕，上面映出兩個黃耀明，一個是長髮的女裝打扮，另一個是

短髮和留有鬚根的男裝形貌，鏡頭由身體的局部顯露開始，像兩隻手的揉搓再緊扣、或兩個頭部或背部的交疊擁抱，然後一男一女的黃耀明纏綿擁吻，卻吻在反射的鏡面上，彷彿返回太初的神話寓意：第一，人類原是雌雄同體的存在，被天神一分為二後，便要恆常地追尋失落了的另一半，而無論男女，身上總有另一個性別的因子，即男性的陰柔與女性的陽剛，陰柔與陽剛不因生理性別的界定而僵固不變；第二，人的愛情是一場自戀的外在行動，愛上對方（或一個客體）猶如水仙子臨水自照的境況，愛上的不過是跟自己相合或相反的特質而已。至於站在舞台前景的黃耀明，則一身黑色西裝配一頂禮帽，帽子上插滿男性陽具的裝飾物，在唱罷〈忘記他是她〉和〈禁色〉後，便公開了自己是男同性戀者的身份，他之所以選擇這兩首歌曲作為出櫃宣言，是因為〈忘記他是她〉盛載了愛情超越性別的前衛意識，而〈禁色〉卻道盡了同性愛被現實社會打壓的悲愴[14]，合起來正是他和香港許多同性戀者承受的處境。從 1989 年到 2012 年，〈忘記他是她〉由唱片、音樂錄像到舞台演出，說白留空的「他」和「她」顛覆了傳統和主流情歌的模式，成為香港多元性別（或性愛）的代言歌曲。

[14] 朱耀偉在他的《香港流行歌詞研究》一書中指出，周耀輝填詞的〈忘記他是她〉「可說是陳少琪為達明一派所填的〈禁色〉的延續。後者是以被邊緣化的愛戀（同性戀）的抗衡為題，而前者則以解構性別區分為論述策略（308）。」

## (5) 情慾與神話：當維納斯在黑房

在黃耀明的獨立時代，情歌依然是重要的音樂章節，而在周耀輝的筆下，2003年的〈黑房〉和2006年的〈維納斯〉標誌着兩種不同的愛情格調，前者以空間盛載情慾的爆放，後者落入神話人物的解語。龔志成作曲的〈黑房〉採用三段曲式，旋律一致，周耀輝的歌詞也因應這樣的格式構成，以接近固定的造句形態，框架整首歌曲，例如每一段的前半部（即首四句）填上不同的字詞，但後半部除了「舌尖」一句有輕微變化外，其餘重複相同的內容：

> 終於黑得可以沒時沒間　在右面或碰着誰人便吻吧
> 終於黑得一切狀態在雲集　在入面是一片熱岩能暴發
> 感官的張開　生死的掩蓋　我要你舌尖舐着我要害
> 有你　故我在　黑暗裏　永遠現在　光線裏　前塵又再
>
> 終於黑得可以沒人沒獸　第六步便發現誰人在背後
> 終於黑得一切動作沒遺漏　第十步是一撮引力而萬有
> 感官的張開　生死的掩蓋　我要你舌尖舐着我五內
> 有你　故我在　黑暗裏　永遠現在　光線裏　前塵又再

單單閱讀歌詞，當然會發現文字太過重複、凝滯而沒有推進，但打開音樂來聽便會有截然相反的效果，這也是「流行歌曲」跟書面文字不同的地方，它必須在音樂的演奏下經由人聲演繹出來。歌詞鋪演情慾的

隱蔽空間，正如梁偉詩的《詞場》分析，說「黑房」令人聯想沖灑菲林膠卷的「暗房」，一個處理感光材料的地方，用以象徵社會主流文化以外的邊緣空間（47），因此，周耀輝極力描繪黑暗中進行的交歡動作和性興奮的愉悅，踩入了雙重禁區：身體慾望與同性情愛（或所有不被世俗認許的多元情愛或不倫之戀）！這些都是保守勢力不容許公開言說、鼓動和探索的議題，不能披露於光天化日之下，祇能黯黑的偷偷摸索，而「終於」兩字的重複強調，正是一種久經壓抑後的解放，像「熱岩的暴發」、「生死的掩蓋」和舌尖帶動的撩撥，還有「煽動、錯亂、逾越、逆轉」等字詞的羅列，都是情慾禁區的書寫。在編曲方面，〈黑房〉的亮點是由龔志成演奏的電子中提琴，有一點古雅，又有一點前衛，或兩者合成的裂變，尤其是在過門的地方，略帶低沉的樂音延綿無盡，有一種時光移動的詭異；另外還有盧凱彤的結他伴奏，非常鄉村民謠風，音色輕盈透亮，而黃耀明的嗓音高高低低、快快慢慢的滑過旋律，尾音常常跟着提琴拉過，有一種意猶未盡的纏綿。說實話，我覺得是龔志成的作曲，以及他和李端嫻合作的編曲，才提升了〈黑房〉的可聽感官，音樂捲動了情慾翻飛的意識，同時填補了歌詞太過穩定一致的結構，讓閱聽者在追蹤樂聲和嗓音之餘，帶點催眠的意境，融入想像的空間，那是一間自我構建的黑房，裝載個體情感的指涉或移轉，細味那些不為人知的越軌慾望。

〈維納斯〉跟〈黑房〉截然不同，無論在音樂、演奏、歌詞和表演形態上，都是極盡華麗磅礡的氣勢，是周耀輝與黃耀明一個天衣無縫的作品。〈維納斯〉的原曲來自巴洛克時期作曲家 Tomaso Albinoni 的《G 小調慢板》（Adagio in G minor），擁有宮廷貴族的氣派與奢華風範，節奏強烈而旋律精緻[15]，周耀輝以西方神話的原型人物作為主軸——維納斯（Venus）誕生於泡沫，主司美、愛、笑、結婚和生育繁殖，身上潛伏戀愛與熱情的能量，而且是女性美的主宰者，以妖媚的放蕩懾服眾神與戀慕者，卻常常帶來破壞與災難，薔薇是她的象徵物，生下兒子丘比特（Cupid），此子全身裸體，兩肩長有翅膀，手拿一把黃金弓箭，是「愛神」的化身[16]。歌曲以愛與美的女神命名，主題卻寫出城市愛情的瞬間幻滅，脆弱的人際關係令純愛隕落，但不甘心的戀人依舊苦苦追尋：

當櫻花不再潔淨　當煙花散在泥濘
哀怨得有些動聽　淒美得有些痛惜
都市中太多記憶　會鍍成神話證明愛仍然可晶瑩

[15] 這首音樂歷來被改編成不同語言的演唱版本，我比較喜歡 Sarah Brightman 的 Anytime, Anywhere；此外，這首音樂的原創作者一直有不少爭議，詳細資料可以參考《大英百科全書》的條目：< https://www.britannica.com/topic/Adagio-in-G-Minor>。

[16] 有關維納斯的神話故事，參考《西洋神話全集》第九節，頁 136-139。

順着我天性　完成我生命
華麗地豐盛　維納斯的呼應
上世紀的約定　因此信愛情

周耀輝利用許多華麗的詞藻及其倒置，形構美好事物
的墮落、毀壞和消失，像不再潔淨的櫻花、散落泥濘
的煙花，還有後面染上罪名的春色、不要醫治的病
症、折翼的孔雀等等，全都是美麗、容易碎裂的意象，
表示純愛落入凡塵後無法着陸的飄離，祇能不斷被污
染和毀傷。在文明歷史的發展上，「城市」向來跟「神
話」對立，高度資本主義的經濟模式講求效率和速度，
推舉理性、提倡破除迷信，連愛情都淪為帶有功能作
用的關係，天生麗質而青春不老的愛美神，如何行走
疏離冷漠的都市？儘管歌詞不斷強調「證明愛仍然可
晶瑩、可忠誠、可傾城」或「因此信愛情」，語氣卻
全是一種給自己打氣的叮囑和勉勵，就是因為都市的
愛情難以持久，基礎薄弱而經不起考驗，常常容易溜
走失去，我們才必須告誡自己要時刻相信，因為祇有
這樣才能磨練心志和繼續追尋——在這一層伸展的寓
意上，所謂「神話」原來就是在幻滅的泡沫中，仍然
堅守愛情的信念！


　　2006 年黃耀明跟香港管弦樂團合作，舉辦「港
樂 VS 黃耀明：電幻狂想曲」演唱會，序曲演奏之後，
即以〈維納斯〉打頭陣。演唱會的製作陣容強盛，由

曾任電影《情陷紅磨坊》（*Moulin Rouge*）音樂總監之一、澳洲著名指揮家 Simon Kenway 擔任指揮，人山人海的梁基爵擔任音樂監製，音樂顧問是資深音樂人趙增熹，而導演是實驗劇場進念二十面體的胡恩威；演唱會以香港為題，英文的命名來自香港市花的「Bauhinian Rhapsody」，意思是洋紫荊的讚美曲 [17]。開場的時候，黃耀明一身紅色閃亮的西裝，揹上圓形的時鐘披肩，臉上化了一個仿若《歌劇魅影》（*Phantom of the Opera*）的妝容，舞台前端擺放大束的紅艷玫瑰，在後景層疊排開的管弦樂隊混合電子音樂的演奏下，獻唱〈維納斯〉，氣勢雄渾、莊嚴而壯觀，原曲本身適合管弦樂的演奏，加入電音後卻能營造迷幻的意境，從舞台調度看來，這是一次混合歌劇、古典與流行音樂的跨界實驗。「時間」是演唱會的主題，舞台上的數字和鐘面強調了香港的倒數命運和歷史限期，當然，已經來到 2006 年，進念的設計依然縈繞「九七」的意念，我是覺得有點過時了，猶幸黃耀明的演出能夠衝破這些陳套，以個人魅力提升〈維納斯〉的曲詞質感。正如邁克指出，在香港樂壇黃耀明是「華麗」的同義詞，從達明時期的〈四季交易會〉、〈愛在瘟疫蔓延時〉、〈半生緣〉到獨立時期的〈春光乍洩〉等等，由外到內演

---

[17] 詳細資料見演唱會的新聞稿：〈https://www.hkcmforum.com/forum.php?mod=viewthread&tid=88725&extra=page%3D1&page=1〉

繹這個城市的世紀末糜爛、滄桑和淒美[18]。我相信就
是因為黃耀明一路唱來這許多唯美的情歌，才足夠累
積了一個華麗的代言形象，身體掛得起浮誇的衣飾，
也托得住舞台超現實的佈景，嗓音唱得出歷劫歸來的
嫵媚，遇上同樣有唯美傾向的周耀輝，講究雕刻詞藻
的細磨功夫，便成就了〈維納斯〉從聽覺到視覺的壯
烈，即使孔雀折翼、風霜跌落、女神失陷人間，這城
市的愛情依舊引人入勝，即使愛情有生命的限期，隨
時灰飛煙滅，但剎那愛得昏天黑地義無反顧，便是一
種神話！

## 結 語

　　誕生於香港卡在歷史轉折的時代裏，從上世紀
八十年代的達明一派到「九七」後的黃耀明，演繹的
情歌都溢滿哀怨、頹廢、絕望而灰沉的調子，是轉瞬
即逝的生死愛慾。弗里斯曾說，「情歌」不是要鼓勵
我們發生戀愛，而是在個體的層面上，帶領我們表達
和處理因愛情而來的各式情緒反應，尤其是那些浪
漫的、虛幻的、致命的感官意識，聽歌讓我們整理和
掌握那些浮游的思慮；另一方面，在社會的面向上，
情歌反映一個地方的人際關係，男男女女投放情感的
範式，以及那些無法圓滿的追求、空想、渴望與遺

| [18] 見邁克的文章〈黃耀明：正式訪問〉。

憾，也就是日常生活的內容、生命歷程重要的行動（*Performing Rites*, 164-165）。談及「失戀歌曲」（torch song）的時候，弗里斯指出這類型歌曲屬於自戀的藝術，無論是演唱的還是聆聽的，都共同建構一種情緒的基調、質感、色彩及其細微的差異，填詞人必須將文字化成情感的符號，作曲家要以旋律建立哀傷的韻調，而歌手必須以過來人的身份，代入其中的處境來聲演故事，優秀的情歌絕對不是單單的情緒氾濫，而是高度制約後的美感距離與移情折射（200）。弗里斯的理論，從創作和聆聽的角度，反駁了一般大眾認為情歌不切實際、鼓吹單一愛情觀的偏見，同時也解釋了這些歌曲的意義和價值，一個缺乏愛的城市，情歌益發是主流，同樣，一個充斥情歌的地方，在在顯示情愛的匱乏。周耀輝說：

> 我覺得，情歌跟愛情有一個很微妙的關係，我懷疑是因為我們缺乏愛，所以我們喜歡聽情歌，於是市場就有越來越多主流愛情觀的情歌出現，聽多了以後，我們又特別覺得我們需要愛，也就特別容易覺得缺乏愛（〈十八变〉，169）。

這彷彿是一種周而復始的欲求不滿，因為缺乏，所以諦聽情歌，聽得越多，越發現愛情的缺口、或得不到的狂亂，如此永無休止。如果說沒有人能夠沒有愛

情，那麼，情歌永遠不會從流行音樂的類型消失，城市與愛情是一種既互相依存、又彼此排斥的關係，功利和速食的文化讓我們愛得瞻前顧後和斤斤計較，不被認許的邊緣性愛更在道德的打壓之下節節後退，於是締造更多群體中的空虛、熱鬧裏的孤獨，社會無論是發達富庶還是衰退沉淪，情歌恆常是心靈（或性靈）的寄寓和救贖，猶如風高浪急的堤岸、或繁榮鬧市的庇護所！

# PART
# TWO

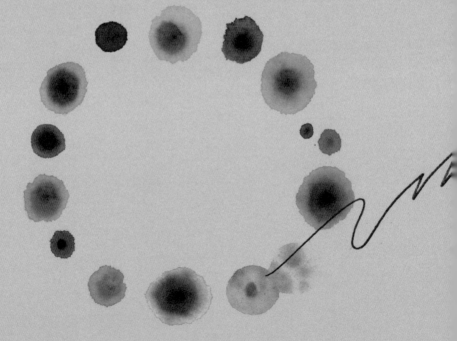

# 身體、情色與聲音

# 第 3 章

# 心窩有毒蛇・肌膚有逆鱗
## ——情色歌曲的身體書寫

　　甚麼是「性」（sex）？甚麼是「性別」（gender）？必定由身體（body）而來，但「身體」又是甚麼？是自然生成還是文化建構？但如何構成？當我們意圖顛覆性別，是否必須拆解身體？當身體被拆解之後，性和性別留下甚麼形相？無論是性、性別還是由此而來的情色，向來都是文化禁忌，容易遭受保守意識的攻擊或道德批判，流行音樂怎樣打破這些藩籬，呈現人類情感慾望的多色圖譜？

## （1）性、性別與身體的物質存在

　　美國酷兒理論家茱蒂絲・巴特勒（Judith Butler）的著作《身體之重：論「性別」的話語界限》（*Bodies That Matter: On the Discursive Limits of "Sex"*），從後結構主義角度拆解身體與性別的關係。她開宗明義指出身體的存在早已被性別界定，我們穿甚麼衣服或表現怎

樣的言行舉止，從出生開始便已經在規範之中學習和成長，我們彷彿可以選擇，但每項選擇背後都有預設，因為身體的物質存在也經由建構而來，而所謂「建構」（construction）包含限制和導引，因此，單單闡明「性」由文化構成，並不足以解釋當中被強制物質化的過程，我們必須探究這個身體從何和因何而來（x-xii）。性別的不同來自身體的不同，但這個「類別」從甚麼地方起始？巴特勒借用傅柯（Foucault）的概念，指出性的分類是一種監管典範（regulatory ideal），目的是生產可操控的身體（1）。性別並非「天生而成」，世上並不存在純粹本源的天然，因為所謂「自然」或「生理」構造的判定，都必須經過人為、語言和概念的建立，一個嬰孩呱呱墜地，經由醫生判別是男或女的，並在出生證明文件上標註，這是社會制度的明文規定，而性和性別必須經過「身體」這個物質條件才能呈現和界定，反過來這個身體也從界分的一剎那被圈定和凝固（7-8），是「男」的便跟隨男性的成長路線，是「女」的便以女孩和女人的方式教養，是男或女以外其他不能命定或缺陷的性別組群，便考慮通過醫學糾正！從來沒有所謂「天然身體」這一回事，無論男體、女體，或超出男女以外的異體，都是經過歷史沉積和確立的知識體系，於是「性」是一個經年累月被強化和物質化的規範建造，性別的定義來自權力關係的主宰，同時操控身體。

基於這些前提，巴特勒認為我們必須重鑄身體的流動力量，探索它在物質化和符號化的過程上面對的監管，而性別展演在這些論述權力之下，又產生了怎樣的調整和限制？此外，「性」不再單單是人為性別建構的身體，而是本身就是一個主宰身體物質存在的文化規範，而人的主體也從這些長久形構的過程中建立。在這些文化與社會制約的運作下，有些性的認同被允許，有些卻被排斥，無法成為「主體」（subject），卻變成了「賤斥」（abject）（2-3）。所謂「主流主體」是以男女生育後代形構的異性戀模式（巴特勒論述的美國或西方社會還有「白人」的種族問題），而「賤斥」就是一切不符合男與女、固定異性戀的形相。「賤斥」是一種被否決於主體以外、無法寄居於社會生活的存在狀態，那是一個未被規範的地方。當主流的主體從合乎規範的認同中取得位置，自然會阻截和斷絕一切跟規範逆向的存在，同時通過這些抗拒來鞏固自身的定位。「賤斥」一方面威脅主流的主體，另一方面也借用這種威脅強化自身的力量，寄存斷裂的空間，以異質的形態對抗社會的不應許，這些不穩定而游離的分子，正好提供了重組性、性別和身體構想的可能（3-4）。此外，巴特勒一直相信也堅持性別是一場流動的、永無休止的展演過程，無論是從出生被命名一個「性別」後，還是日後反抗這個賦予的身份，我們時刻都必須不停操作自己的性別，才能循環應對認同的危機，而每次操作或恆久操作的過程上，不免

出現斷裂的空隙或異變，這些異變也是「賤斥」，由是主體和賤斥其實是相反相成的彼此牽引而共存。

　　巴特勒的性別與身體論述，能夠打開許多觀照的層面：第一，身體既不屬於「天然」，而是人為的文化建構，有其各式各樣的制約，那麼同時也不是一成不變的（建構帶着變動），於是，圍繞它而來種種約定俗成的規範便可以不攻而破，可不可以有男身女性、女身男性？甚至一身二性或多元性別？其次，身體連繫「性」和「性別」的議題也可以逆向思考，與其說生理決定了性，倒不如說身體決定了性相與性別，或性與性別也磨鑄了身體。其三是作為「賤斥」的 abjection，是非常游動而豐富的區域，既站在範式的外邊，卻時刻逆照範式的內在，「賤斥」是否可以成為一種策略？用以對抗主流的僵固系統！最後，身體讓性和性別可見和識別，是性相的物質條件或物理呈現，反過來說，性和性別的面貌何嘗不可以改變身體的構築？讓它反轉了性和性別的景觀！這個章節聚焦討論周耀輝有關情色身體的歌曲，經由許志安、梅艷芳、陳慧琳、容祖兒和麥浚龍的演唱，締造了怎樣五光十色的情慾地圖？當中有多少異於常態的「賤斥」？而我最想探究的是填詞人書寫的身體，如何化成了演唱者的身體？化現的過程轉移了甚麼？是一個身體、兩個合體還是無數異體？

## （2）肢解的身體散落四周

　　周耀輝歌詞裏的身體，從來都是不完整的，我甚至覺得他是以「肢解」的形式書寫「斷肢」，靡靡之音當中橫陳唇舌、頭髮、皮膚、手腳、鬚根、瞳孔、耳朵、體毛、肩、腰、腿等等身體部位，有男身、女身，也有橫跨男女的雌雄同體，他以化整為零的寫法，將局部放大，賦予每個部位或器官特殊的情慾象徵，或讓情色的挑動不斷游走身體不同的角落，以感官的細節建立閱聽者具體的想像，藉此移情代入。於是，他的情色歌曲往往呈現一個撫摸、觸碰和觀看身體的過程，由身體的表層進入情慾的內層，以及進入過程上發生的糾纏或牽引，有時候，身體是器具，用以引發慾念的流轉，有時候慾念是助燃劑，經由身體帶動引爆。

　　「情慾」向來是社會禁忌，容易引發爭議，我們的教育不談，但我們的媒體很喜歡興風作浪，而打開禁忌也必須打開身體的色相，但打開之後會遭遇怎樣的對待，卻並非創作人能夠預料的事情。許志安的〈迷糊．情慾．對象〉有 cybersex 的意味，大量鋪排身體的感官情景，講述一個男人對一個女人身體的迷幻想像，說是「幻想」，是因為女體的蠢動，經由主角的視覺進入腦袋化成意識活動：「彎彎的曲線／偷偷的相見／我越看越難成眠」、「將一膚一髮／將一分一吋／攝入眼內留存」，還有「來看你看得入神」和「慢

慢地看一回一身」，都是凝視慾望對象的結果，產生了性愛詮釋，幾乎都是外在皮相而不涉入內在的心靈或靈魂。基於曲式是兩句為一個段落，中間的副歌祇有短短一句，於是歌詞的設置也很整齊，每個段落書寫一個身體部位，並且以大自然的物象作為比喻，像「櫻桃的嘴」、「柳枝搖的肩」、「春蛇的腰」、「雪花兒的腿」等等，由女方身體的外相，帶入男方的心跳和震盪的反應。許志安刻意壓低嗓音演唱，形成一種懶洋洋、頹廢的聲音特質，既有挑逗的意味，同時也散發催眠的效果，讓閱聽者彷彿逐漸沉入迷糊、昏昏欲睡的狀態。這是一首成熟男性（或俗稱「熟男」）的歌曲，一個直男對女人身體迷離的幻想和渴望擁有，那些身體比喻都是喻體而不是實體，所以充滿想像延伸的空間，也就是所謂「迷糊」，很配合許志安當時型男的形象，1995 年推出的時候很受歡迎，連區雪兒拍攝的音樂錄像也被網民稱許，認為是許志安的代表作品[1]。然而，2019 年發生了歌手的婚外情事件，許志安與黃心穎在計程車內的親密舉動被偷拍和公開，導致形象崩潰，這首〈迷糊・情慾・對象〉在網上備受揶揄，留下許多不堪入目的人身攻擊[2]，顯示了社會的道德潔癖，演唱情慾歌曲的人必須規行矩步，不

---

[1] 見林通賢的〈深宵回味心跳加速　擋不住的意識誘惑〉。

[2] 可以參考〈迷糊・情慾・對象〉的音樂錄像，YouTube 版面上的留言欄。〈https://www.youtube.com/watch?v=ufqdQ4YBut0〉

能逾越「正常」的界限，已婚者不能有婚外情，一個
男人祇可以忠於一個女人（或性伴），超越了這些禁
忌便是犯賤，必須遭受大眾公審。這種風向的轉移反
映了幾近精神分裂的道德意識，「情慾」歌曲本身必
須打破禁忌，才能挖掘人性內在不為人知、不為社會
認許的慾望，以及其渴望越界、越軌的顛覆意義，但
它似乎必須或祇能停留「文化工業」製造的幻想裏，
供給大眾不能付諸實行的心理補償，一旦落入現實的
事件，便成為被批判的根據和理由；另一方面，這個
現象也折射了情慾歌曲的雙面刃，它既容易招來話
柄，但同時也由於社會對性的想法太過保守偏狹，才
更加需要這些歌曲的寄寓。

如果說男性情慾必須在婚姻制度下的安全地帶活
存，那麼「女女」的戀戀風情又可以怎樣安放？男性
或男同志填詞人如何進入女體的想像區域？由梅艷芳
和陳慧琳合唱的〈夏娃，夏娃〉，構造了另類異色的
身體書寫。這一趟周耀輝不寫男女情慾繾綣，而是「女
女」纏綿，除了鋪陳「女體」，也強調「衣飾」：

（梅）和誰眉毛 　（琳）同樣的彎
（梅）和誰皮鞋 　（琳）同樣的高
（梅）和誰望着 　（琳）同樣的天
（梅）和誰才能 　（琳）互相將化妝卸下
（梅）然後赤裸對話

（琳）是姊是妹

（梅）是愛吧　（琳）題目太大

（合）就算天國　沒有亞當　（琳）有兩個夏娃

（梅）除下我的耳環　（琳）垂在我的耳下

（合）陪着別人做到嗎

這是一首合唱作品，收錄在梅艷芳生前最後的唱片
《Anita Mui With》（2002），是她跟十一個當時得令歌
手合作的專輯，計有王菲、張學友、劉德華、林憶
蓮、譚詠麟等，當中還包括跟張國榮合唱的經典歌曲
〈芳華絕代〉和音樂錄像。〈夏娃，夏娃〉講的是兩
個女人的愛情故事，從眉毛、耳朵、瞳孔、唇彩、頭
髮，到皮鞋、化妝、耳環、婚紗、髮蠟，借用女體和
女裝的交叉隱喻，包括一樣的身體構造、相同的衣飾
品味，強調「女女」情慾的契合，而這種契合是「男
人」無法達到和明白的：「但他怎麼知道／是你先會
知道」、「但他祇想擁抱／而女人要心到」，這裏的「他」
指向異性戀關係中的直男，而「她」就是歌曲裏的女
同志身份，填詞人以「二元對立」的方式，包括「男
與女」、「靈與慾」，來展示女女的認同基礎 —— 祇想
擁抱（身體）的他，無法明瞭女人要求心靈互通的重
要，這男與女的差異不單在於身體構造不同，也源於
對情感、慾望的需求不一致。在典故運用方面，周耀
輝首先借用、也反轉了《聖經》〈創世紀〉的故事：
「就算天國／沒有亞當／有兩個夏娃」，來逆轉性別配

對的規範，伊甸園裏作為人類始祖的亞當與夏娃，不是必然的配搭，如果兩情相悅，兩個夏娃也可以組成快樂的性別樂園，尋求身體的愉悅快感；其次，副歌的「夢露夢斷／黛玉捧心／任白長全／梁祝犧牲」，也暗示「女女」的配對能夠天長地久的美滿，相對於一生情路坎坷、英年早逝的瑪麗蓮・夢露（Marilyn Monroe），或情殤於賈寶玉與封建婚姻制度的林黛玉，無論在戲曲世界還是現實生活中都能夠長相廝守的任白（任劍輝和白雪仙），卻實現了愛情最純美堅貞的典範，於是，所謂「兩個夏娃」，既是兩個合唱女歌手的表演角色和臉譜（persona），也是以「任白」作為女同情愛的文化象徵。在演唱的音色方面，音域寬廣的梅艷芳刻意提高了音調，跟陳慧琳配在一起，產生了非常近似的嗓音，假如不看歌詞的指示，但憑聽覺接收歌曲的演繹，便會發現二人的嗓音往往混在一起，無法分辨哪一句是梅、哪一句是陳的演唱，兩把女聲的混融，更突顯了歌曲主題的女女情慾，當兩個女人身心合一、內外交合，便會達到水乳交融、兩位一體的結果，尤其是接近尾聲部分那些無字詞的詠歎和氣腔，幾近淫音，營造非常性感的魅惑；相反的，假如沒有梅艷芳和陳慧琳這種熔鑄歌音的交織，〈夏娃，夏娃〉的女同意識不會這樣淋漓盡致而撲朔迷離，向來游走多元性別的梅艷芳，遇上曾經也作男裝帥氣打扮的陳慧琳，歌手將自身的形象也融入歌曲的演繹上，為「女女」情誼加添了陽剛的陰性與陰柔的陽性！

《聖經》的〈創世紀〉記敘神創世人的過程，祂用泥土造人，取名亞當，為免男人獨居，便用他的肋骨造了一個女人，叫做夏娃，讓他們駐守伊甸園，並說「人要離開父母，與妻子連合，二人成為一體」（3），這是數百年來被用以鞏固異性戀霸權的憑據，也是一夫一妻制、人類孕育和繁衍後代的指標，在這種宗教文化的基調下，〈夏娃，夏娃〉不但顛覆了「父權」，還取消了「夫權」，拆解了整個夫妻的系統和異性戀的繁育功能。然而，故事還未完結或完成，《聖經》中的亞當與夏娃由於受到蛇的引誘，誤食禁果而被逐出了伊甸園，這「蛇」的故事，由容祖兒和麥浚龍的歌曲延續。2007年英皇娛樂公司出版的唱片集《18變：周耀輝詞·文·觀》，收錄了容祖兒的〈舌尖開叉〉，當時周耀輝寫道：

> 在我近期的作品中，舌尖，還有脊椎，都是我
> 很愛用的感官，我覺得都是肉體的邊緣，份外
> 令人想越軌。

來自肉體邊緣的「舌尖」，其實也是〈創世紀〉裏面蛇的化身，而填詞人有意地將兩者二合為一，使之成為挑動越軌情慾的中介物。容祖兒的〈舌尖開叉〉從「新伊甸」、「古聖殿」的意象入手，轉入「魔鬼肩」和「天使臉」的畫面佈局，首段即顯出叛逆《聖經》的旨意，傾覆性的禁忌：「心窩有毒蛇／開叉舌

尖／肌膚有逆鱗／很原始／着急的吞下一切纏綿／慢慢於體內紀念／着急的捲着一切發現」。跟拆解人類身體的書寫方式一樣，周耀輝也在「肢解」蛇的構造，並附入人體之中，變成一種人蛇的混種，既是人又是蛇，而「吞」和「捲」是蛇的活動形態，也是副歌中「吻」的動作。《聖經》裏的蛇，向來都是狡猾的、邪惡的象徵，牠代表原始的慾望與誘惑，是導致亞當墮落的根源，神除了將亞當和夏娃放逐以外，同時也懲罰蛇接受比其他牲畜野獸更難堪的詛咒，「必須用肚子行走，終身吃土」（4），蛇由是充滿了原罪和負面的標籤，從來沒有正向或光明的個性。〈舌尖開叉〉便是挪用了這些特徵，將蛇引入女性情慾的禁區，並以邪惡的姿態大張旗鼓，大搖大擺宣告逾越邊界、挑戰常規的行動，以「黯黑」作為力量，開啟生命曾被禁鎖、未被允許的性能量，那是開叉的舌尖、逆鱗的肌膚，滿載危險而刺激的身體試驗。這是一首節奏輕快的中板歌曲，容祖兒唱來帶點童音的天真和嫵媚，經由伊甸園的典故而聯想到處女開發地的感官意境。祇是，蛇的行動還有後續，當舌尖紋了聖母瑪利亞，會變成甚麼圖騰？

## （3）男身女音的性別越界

　　關於聖母瑪利亞的故事，我們常常想到的是童貞受孕和未婚生子，生下耶穌後，從凡人化身聖母，飛升天國而為後世膜拜，但應該很少有人會將她跟伊

甸園的蛇混為一談吧！麥浚龍的單曲〈舌尖紋了瑪利亞〉，從歌名到內容都非常怪異和不合常規，舌尖如何能夠紋上瑪利亞？一個是情慾意象、一個是聖潔的靈，怎樣擺放一起？或擺放一起到底要表達甚麼？我大膽假設這首歌的主題是性靈的衝突與無可表達。歌詞的首段，排列了眾多虛實的對照，像「情緒太多 / 祇得一對眼 / 變化太多 / 祇得兩條眉 / 魂魄太多 / 祇得一塊臉」，抽象的情緒、變化和魂魄，落入身體的部位，便是一對眼、兩條眉和一塊臉，後者是載體，是情感的物質條件，承載前者難於觸摸的形貌；此外，還有「看煙花或踏櫻花」，前者虛無、遙遠，祇可以遠觀而不可掌握手裏，後者是植物花卉，可以近看或觸碰，卻容易凋零、散落和消逝，其實二者同樣比喻愛情的幻滅與無法長久保有。副歌的「懷疑愛能由愛完成嗎 / 懷疑心能被心識穿嗎」，其實已經交代了主題，一種徘徊愛情無法成形或結果的邊緣，被愛的對方無法瞭解所愛的慾望，而當情愛隨年月和生活而磨蝕，漸漸變得淡而無味和缺乏驚喜後，愛慾者祇好千方百計做出千奇百怪的事情來引發對方的關注、或更生情愛的律動頻率，所謂在舌尖上紋了瑪利亞的圖案，既是驚世駭俗的舉動，帶點褻瀆神靈的挑戰，同時又將聖母瑪利亞情慾化與人性化，還原她有情有慾的本體（假如瑪利亞沒有誘惑的本領或本質，又如何可以未婚懷孕）！此外，在這首歌裏，「舌尖」除了擔當慣常的情慾象徵以外，也包含「表述」的意思，

歌曲反覆演唱的「還在努力了解嗎／明明我正為地球思索／又還是遇上神經病發／假使我不再說話／寧靜地去感覺我好嗎」，「舌頭」除了接吻，最重要的功能還在於幫助發聲，通過言語表述自己，尤其是這首單曲收錄在麥浚龍的唱片《Words of Silence》之內，配合大碟的主題，意圖帶出無法表述、或意在言外的含義，所謂「靜默的字詞」，本身就是一個矛盾語的組合，字詞如何靜默？靜默怎樣經由字詞書寫或述說？又或許，言語無法真正說明愛情，而情愛衹能感受（用身體、感官或意識），而無法由外在的語言概述。舌尖紋上瑪利亞是叛逆的行為，衝擊宗教禁忌，而我們常常依賴的語言，原來在愛情的關係中也是薄弱無力的，人們常說「談情」，當「情」無法「談」的時候，剩下便衹有心、或身的直接領受。

　　叛逆的風格很適合麥浚龍的歌曲套路，而他一直也在香港流行音樂的版圖上，走着偏鋒的路線，《Words of Silence》大碟內還有一首周耀輝填詞的〈酷兒〉，卻從個體的情慾走向眾生的性向，歌名「酷兒」具有兩層寓意，一是經由「酷」字而來的多義特性，包括冷酷、殘酷、嚴酷等負面對待，用來形容社會普遍「恐同」的環境，也指向耍酷、裝酷和酷愛等瀟灑有型、沉迷熱愛的浪漫豪情，即港式廣東話的「扮cool」，是對抗異性戀霸權、反其道而行之的姿態；二是性別論述中的「酷兒文化」（queer culture），就是性

小眾的意思，網羅「LGBT」（女同志、男同志、雙性
戀者和跨性別人士）的身份認同，是「異性戀」以外
的族群。整首歌曲圍繞這兩層寓意展開，一方面闡述
性小眾不為主流社會接受、備受打壓的處境，另一方
面展示這些族群無視世俗眼光、大膽宣示和實踐自由
性愛的態度：

> 如果想做誰的寵兒　如果想做誰的天使
> 期望或老套　時代未祝福
> 方知世上存在某種愛　要夠酷
> 誠實就可以　要是誕生　唯有活一次

周耀輝通過句式一致的段落排列，一層一層剝開「酷
兒」的多元指涉，先以「寵兒」和「天使」、以及後
面的「孩子」、「風兒」、「花兒」和「孤兒」等名詞命名，
共同建構「酷兒／性小眾者」的形象，他們／她們的性
向本是無罪，卻被禁止和孤立，越被壓制，越要灑脫
地愛，面對「時代未祝福」，更要義無反顧的「冒險
成全一個大志」。相對寫於 1989 年的〈忘記他是她〉，
相隔差不多二十年後的〈酷兒〉沒有那麼沉重悲涼，
在香港同志運動一波一波的推動下，性小眾的身影沒
有當年那麼壓抑，加上麥浚龍當時的年輕形象不合
滄桑的路線，反而適合活潑跳脫、跳出常規的青春叛
逆，所以〈酷兒〉帶有強烈的希望和樂觀展望，借用
一些設問句式，寄望將來有一天世界改變，主流社會

能夠寬厚的接納性小眾者:「假如從此能並肩沿途充滿善意」、「若果能遇到／記住明日會更好」。有趣的是〈酷兒〉的反抗意識,後來更變成了社會抗爭的代言,流行歌詞研究者梁偉詩與黃津珏曾將它連同其餘七十首歌,以「反國教可以唱咩CANTOPOP?」為題,一起列入「反國民教育大歌單」之中[3]。2012年的「反國教」運動,源於一群年輕人不滿特區政府強行推動中國大陸模式的愛國主義教育,借用灌輸民族感情的渠道,進行政治洗腦,並以「是否愛國」的表態評估學生行為,於是由中學生關注國民教育科組織成立了「學民思潮」,帶動遊行、佔領政府總部和絕食等示威行動,最終成功要求政府撤回德育及國民教育科訂立的死線,宣佈擱置課程[4]。〈酷兒〉之所以成為「反國教」的歌單,是因為內裏蘊藏的抗爭信念和異議的聲音:

> 或者生為城的孤兒　寧願追隨人的心意
> 直至我吻你　時代被顛覆
> 不想世上存在某種愛遺憾到　不認就可以
> 趁就快死去　快活一次

歌詞中的「生為城的孤兒」、「時代被顛覆」,或後面

---

[3]　參考梁偉詩、黃津珏:〈反國教專號之反國民教育大歌單〉。

[4]　有關香港「反國教」運動的過程,可以參考YK:〈反洗腦國教運動〉。

演唱的「尋求幸福 / 一起英勇」和「我願陪着你擋今天的冷酷」等，在在顯示了一種不屈不撓的精神，即使面對否定和擠壓也不退縮的勇毅，有一種雖千萬人吾往矣的勇猛與無悔，非常符合「後九七」以來民間抗逆霸權的行動和意識，就這樣一首原本關乎性別平權的歌曲，因應世道的變遷，轉化而成年輕學生「反國教」的時代曲，無論是酷兒還是抗爭者，面對龐大的社會體制和國家機器，都屬於邊緣的小眾，必須團結、互相連線，同時懷有希望，才能成功擊退保守陣營的阻撓，建立美好將來的願景。

麥浚龍以「異性戀男」（heterosexual man）的身份高歌酷兒歌曲，不但沒有違和感，反而帶出另類的味道，這跟歌手形象的起伏轉變有關 —— 2002 年麥浚龍出道的時候，一頭金色長髮配時尚的街頭服飾（street fashion），已經銳意走反叛青年的路向，卻遭受種種負面新聞纏身，例如出身富商名流家庭，依靠父蔭加入娛樂圈，外形不夠俊俏，早期唱功幼嫩；2005 年左右，麥浚龍突然改變形象，剪掉長髮，開始轉入非主流路線，掛上 skin head、墨鏡、鬍子、重金屬項鏈、闊袍大袖的衣飾等裝扮 [5]，後來組織實力派的班

[5]　有關麥浚龍的形象變化，可以參考 Newsroom 的〈麥浚龍歷年造型進化史〉和 Kidulty 的〈麥浚龍，從街頭潮流到自成一派〉。

底，出版連環故事集的專題唱片，導演的電影《殭屍》又好評如潮，漸漸打出一條血路，受眾開始從揶揄的抗拒變為欣賞的讚歎，「麥浚龍」成為另類的品牌，象徵型格、實驗、跟世界背道而馳的身影。從初入流行音樂圈子即被大眾嫌棄、批判和謾罵的過程中，麥浚龍承受無盡挫折、面對許多不為人知的難堪處境，從噓聲中一路走來，直到成功轉型，猶如脫殼新蟬，這些負面經歷最後成為個人資本，大大加厚了他演繹歪離常態歌曲的說服力，跟性小眾者一樣，他也是被排斥的邊緣人，要比「常人」花費更多的努力，才能爭取社會的認同，這是麥浚龍演繹〈酷兒〉背後帶動的力量。當然，〈酷兒〉之前還有一首〈雌雄同體〉，是他正式登上偏鋒歌手的里程碑，正如梁偉詩曾經指出，自從 2005 年周耀輝與麥浚龍合作的歌曲〈雌雄同體〉，獲得香港作曲家及作詞家協會（CASH）最佳另類歌曲獎之後，旋即成為「另類」的代名詞（83）。

周耀輝曾經說過寫〈雌雄同體〉的時候，沒有料到是麥浚龍主唱的：「那時祇想做比較 chill-out、trip-hop 的曲式，寫完後很多唱片公司都說難賣，但王雙駿覺得歌曲可以表達不一樣的想法，Juno 也演繹得很好。」[6]〈雌雄同體〉走輕鬆的舞曲風格，跟〈夏娃，

---

[6] 見胡靜雯、葉青霞的訪問：〈煉就任性 Juno：三大詞曲功臣〉。

夏娃〉一樣，填詞人依然以身體和衣飾的意象鋪陳性
別的議題，像皮膚、唇舌、瞳孔、頭髮、鬚根、香煙、
新衣、香氣和高踭（高跟鞋），祇是這一次不是「女
女」情慾，而是橫跨男女類型的性別越界：「換了你是
我／亦發覺連心思都有女或男」、「或者會變性／當我
接近你一點」、「難道要換性別／至參透你思念」、「我
要變做你／將命運亦重疊」，強調是「性別互換」的
體驗，如果說「衣飾」是界定和倒模性別形態的依據，
從小到大我們都是依從社會規範穿戴男裝或女裝來展
演自己的生理構造和屬性，那麼交換衣服能否也改變
了性別的身份？尤有甚者，這首歌要交換的還有身體
部位：「換了我瞳孔」、「換了我頭髮」、「我的鬚根／
借給你穿兩天」等等，彷彿器官移植，男女換置，而
交換的無論是衣飾還是身體，目的也在於尋求理解，
由一個性別系統出發，融入另一個性別存在狀態，裏
面不斷重複強調的「變」與「變性」和「交換性別」，
其實不是指向經由變性手術帶來的性別轉移，而是通
過代入對方的移情，達到男性的性格裏面有女性的因
子、女性的性格裏面有男性因子的理想境界，這不是
性別錯亂，而是打通男與女、陰柔與陽剛的界限，從
身體的感應落入外在的認同，建立兩性溝通的橋樑。
是的，仍然是「二元」的思考，仍然跟從世俗男女身
體和衣飾的配給出發，仍然有「雌」和「雄」的區別，
但尋求「同體」，即共存，而不是敵我、上下、高低
的等級分野或對立，一個身體可以裝載另一個性別、

或共存兩個性別，從而豐富人類的性別形相，泯滅兩性分立對壘的鴻溝。我尤其喜歡麥浚龍的聲情表達，以非常輕柔的高音演唱，形成迷幻的性感，麥浚龍曾在一篇訪問回憶說，當時有許多人阻止他主唱〈雌雄同體〉，因為它是一首女性音域的歌曲（即所謂「女仔 demo」），但他不服氣、不明白也不肯接受這樣的規限，便跟作曲的王雙駿要求主唱，最後出現了這種「中性味道」的形態[7]。事實上，歌曲裏一些尾音的拉長和延宕，像「膚」、「舌」、「孔」、「髮」和「色」等等，非常旖旎，類近女人的嬌媚，他以「男身」唱出「女音」，恐怕才令到這首歌曲達到「雌雄同體」的最高境界！

## 結 語

巴特勒說我們的身體、性和性別都是文化建構，「身體」被如何打造，便照現怎樣的性與性別。在香港的教育範疇或社會談論的風氣裏，對「身體」總有許多禁忌，有來自宗教的規訓，也有源於道德的制約，而大眾傳媒則傾向物化身體，對名人明星採取窺秘的手段，連同由身體而來的情慾或情色，往往祇是販賣和謀利的工具。於是我們好像常常談論身體、性與性別，卻很難開展一個開放、平等而多元的論述空

---

[7] 詳細記錄見彭嘉彬的訪問，而有關麥浚龍的嗓音分析，見本書的第四章。

間，演唱情慾歌曲的歌手，假如越界的行為溢出螢幕以外，便很容易受到審判，甚至遭受沒頂之災，從此消失螢光幕前。這些情慾歌曲就是巴特勒所說的「賤斥」，被主流的性別模式排除，卻以異端的姿態對抗主流雄霸的位置和力量，讓追求情慾自主的閱聽者在狹窄而壓抑的社會環境裏，尋得寄身的所在。許志安的〈迷糊·情慾·對象〉、梅艷芳和陳慧琳的〈夏娃，夏娃〉、容祖兒的〈舌尖開叉〉、麥浚龍的〈酷兒〉和〈雌雄同體〉，唱演的都是邊緣的情色世界，內裏的身體支離破碎，性與性別游離不定（也不安或不安份），無法成為霸權的主體，卻以化整為零的方式，將主體或局部的身體散落四周，熔鑄非常態的性向景觀。周耀輝的情色歌詞，從來都不是卿卿我我的浪漫言說或呼天搶地的失戀呼喊，而是帶點幽默和反叛的意態，以異質的身體裝載流動的性與性別，在男與女的二元當中，拒絕固定和收編，不符合、不單一也不統合，甚至從人體跨入獸體，禮拜原始的肉慾，從臉孔到四肢、從人到蛇、從慾望到聖靈，用脫軌的步法行走崎嶇的人生與人性路途，在酷兒的賤斥地帶自得其樂也其樂無窮！

# 第 4 章

# 遮擋世界的殼比雪薄
## ——麥浚龍的聲音故事

　　當異類遇上異類，會撞擊怎樣的火花？許多人說周耀輝的歌詞另類，但到底如何另類？是題材偏鋒還是用字險峻？在流行音樂的體制裏，他無法一人完成怪異的行動，必須有共謀者一起參與或推波助瀾，才能翻江倒海的顛覆常態。周耀輝與麥浚龍合體，曾經打造把玩生活歪理的《Why》（曲目有〈歪〉、〈嘔吐〉、〈連體嬰〉），殘餘孤獨者的〈畸〉、關於自閉的〈門〉、暗示一夜情的〈借火〉、描述師生戀的〈上春風的課〉等等[1]，全是光怪陸離的生存狀況和人際關係。上一章提及，麥浚龍在 2005 年逆轉形象之後，刻意踏上跟世情背道而馳的路向，其中合作最多的詞人便是林夕與周耀輝；2016 年推出概念大碟《問世》（《Evil is

---

[1] 有關這些歌曲的詳細分析，見於梁偉詩在《後九七香港粵語流行歌詞研究》的第三章。

a Point of View》），更通過兩個詞人交叉書寫的文字，譜成一個離經叛道的愛情故事。這個章節分成兩個脈絡，以《問世》作為分析基礎，論述麥浚龍的「故事」和「聲音」，前者關於流行音樂連環故事集的生成與創作概念，後者探討麥浚龍帶有瑕疵的嗓音，如何形構不被世間認許的反常情慾。

## (1)《問世》的創作理念與分工

麥浚龍的「音樂故事集」始於 2004 年的〈耿耿於懷〉、2015 年的〈念念不忘〉和〈羅生門〉，由黃偉文填詞，形成一個橫跨十年的愛情故事三部曲，當中另有兩首外傳，包括跟莫文蔚合唱的〈瑕疵〉、跟周國賢合唱的〈雷克雅未克〉，最後合成一張 EP《Addendum》[2]。自此以後，麥浚龍似乎鍾情於這種連續故事的歌曲形式，除了《問世》之外，還先後推出跟謝安琪的合輯《The Album Part One》（2018）、《The Album and the Rest of It...》（2019）及《The Album and the End of It...》（2020），由林夕、黃偉文和周耀輝先後參與填詞，講述麥浚龍飾演的董折和謝安琪飾演的浦銘心一段糾纏一生的愛情際遇，引起歌迷的熱烈反應和追捧，開啟了歌曲連續劇的風潮。從以上的脈絡看來，2016 年出版的《問世》，可以說是麥浚龍繼〈羅

---

[2] 有關這些歌曲的創作因由和合成經過，可以參考填詞人黃偉文的專訪〈麥浚龍愛情三部曲〉。

生門〉等愛情三部曲後，首次策劃「音樂故事集」的系列之首，下啟董折與浦銘心的連環套，其重要性不言而喻，到底他是如何構思這些創作意念？

麥浚龍曾經指出，執導電影《殭屍》的時候，從角色的設定和生命獲得許多啟發，讓他相信創作無非是瞭解人性的手段，於是之後無論再做任何類型的創作，都是關於情感，他說：「在音樂上我也開始喜歡說故事，思考過程中很多時候自己都在問問題、在反思，想很多沒有答案的問題。」此外，他認為「創作是文字、畫面、聲音，一呼一吸也是呈現的方式」，然後將電影思維放進音樂，讓故事超出一首歌、兩首歌的定義：

> 身處這個單曲盛行的年代，不是說我想逆走，
> 而是很多準則也改變了，我們是否該用一個新
> 視野去看事情呢？我的歌曲不單是我跟自己的
> 對話，我喜歡營造一種追看性。[3]

麥浚龍從電影得來靈感，將「說故事」的方式用於流行音樂的製作上，糅合文字、畫面和聲音的元素，讓普遍流行的單曲承載人物和情節，一首接着一首形成

---

[3] 見 lemi 的訪問記錄〈麥浚龍的虛幻與董折的真實〉，頁49。

延伸下去的「故事圈」，為閱聽者帶來追看的意義，打破向來一首歌曲自說自話、獨立自存的規律；甚至可以說他是以「歌曲」作為菲林，用旋律、歌詞和演出者的聲演，一格一格的構成一部電影，而他既是演出者，同時也是導演，找來填詞人擔當編劇，通過歌詞建立故事的底本與角色的塑造。《問世》便是在這種構思中完成的，麥浚龍先創造了兩個角色人物：劊子手與雛妓，以及他們一段不為世俗容許的愛情事故，然後找來林夕和周耀輝共同參與，林夕為故事的開端設定清朝戊戌政變的背景，當時譚嗣同被斬首，而情節由這個劊子手開展，屬於「半虛構」的情態；接着他聯繫音樂人王雙駿、馮穎琪、Adrain Chan 和 Bert 等等，告知故事的構想和脈絡，同時為兩個填詞人分工，由林夕負責男主角從劊子手到和尚的心路歷程，而周耀輝則處理女主角從雛妓到尼姑的情慾變化，每人各自填寫五首歌，最後一首〈結〉由二人破天荒攜手合寫 [4]。麥浚龍認為林夕擅於表達宏觀的畫面，寫出大世界的氛圍，而周耀輝能夠着眼細節，以一個毛孔或眼神都能詮釋意義 [5]；事實上，林夕與周耀輝的語言風格各有不同，即使跟同樣的歌手合作，出來的效果也大異其趣，他們在《問世》中到底如何

---

[4] 有關《問世》的創作過程與分工狀況，可以參考謝茜嘉訪問麥浚龍的記錄。

[5] 見 Stan 的訪問〈林夕與周耀輝共舞〉。

共同織就一幅文字的錦繡，在必須連貫的脈絡中各自
發揮才情？

## （2）你我他她的情慾主體與客體

　　《問世》合共十一首歌曲，林夕和周耀輝的歌詞
以接近梅花間竹的方式分佈：第一首是林夕的〈劊子
手最後一夜〉，敘述每天磨利刀頭、執行斬首工作的
男人逐漸厭倦這種麻木的生活；第二首是周耀輝的〈初
開〉，敘述雛妓的初夜，獻身陌生人的情態；第三首
是周耀輝的〈呻吟〉，描述雛妓迎接女客，帶來女女
纏綣的情景；第四首是林夕的〈髮落無聲〉，是劊子
手出家當和尚的過程；第五首是周耀輝的〈如髮〉，
描繪雛妓身體成長的變化；第六首是周耀輝的〈清
靜〉，是女主角為了追求恬靜的生活而削髮為尼，及
出家後的心理情狀；第七和第八首都是林夕的〈如來
像去〉和〈你前來‧我過去〉，借佛經的文本切入，
敘述和尚邂逅尼姑的境遇，二人如何動情破慾，彼此
激活生命的醒覺；第九首是周耀輝的〈不了〉，是尼
姑帶着原罪的告解，眷戀凡塵情愛的慾念；第十首是
林夕的〈孽〉，記敘和尚與尼姑的關係曝光之後，遭
受大眾的鄙夷和攻擊，和尚臨終前留下譴責眾人和
安撫愛人的遺言；最後一首是林夕和周耀輝合寫的
〈結〉，以男女二重聲部唱出和尚逝去、尼姑懷孕生子
後的際遇，仍然堅守此情不渝──綜觀這十一首歌曲
的編排，人物分成前半世與後半生，劊子手厭倦了每

天殺戮的例行工作，雛妓厭棄了重複的迎送生涯，於是分別出家成為和尚與尼姑，卻在這個後半生的開端彼此相遇，身不由己地萌生熱烈的情愛，不惜犯戒交合，雖然能夠享受人世難得的歡愉，和尚最後卻付出生命的代價，留下女尼帶着孩子活下去。這樣的故事聽起來非常不合常理，卻又那麼理所當然，端賴兩個填詞人的文章構築，融情入景而境由心生，締造了一種接近「寓言」（allegory）的架構，那是一種虛構書寫（相對於現實主義的反映），透過人物的造像，及其發生的事件和行動，寄託特定的思想、主題或批判意識（Preminger, 12）。

　　基於這種「寓言」的類型，林夕與周耀輝的歌詞也傾向隱喻和象徵，着重兩個角色的心理活動，以第一身敘述視點（first person narrative point of view）為主，即以「我」作為劊子手 / 和尚、雛妓 / 尼姑的角度出發，細說也私說自己的生活境況和內心的人性渴望，因此佈滿自我詰問的內心獨白；此外，歌詞裏不斷出現的「你」，除了主角二人互稱對方之外，有時候卻是特定場景出現的人物，像劊子手斬殺的罪犯、雛妓迎接的男客或女賓，從而推進時間和空間的發展。例如林夕的〈劊子手最後一夜〉：「見慣夢中閃過喊冤的野狗 / 聽慣未知生也怕死的拍手 / 聽說戊戌驚變你本可以走 / 你仰首 / 我顫抖」，以劊子手的語氣述說斬殺生涯的痛苦，而這裏的「你」指的便是百日

維新失敗後，1898 年在北京菜市口刑場被斬頭示眾的譚嗣同；又例如周耀輝的〈呻吟〉：「明明暗暗／混混蒼蒼／眉濃襯托面薄／抱抱他／吻吻他／靜靜過／偶爾哭泣／時常帶笑／但是此刻在聽她呻吟／她呻吟／正快樂」，這裏以隱藏的第一身直述開始，透露雛妓迎接男客的「他」和女客的「她」，各自經驗不一樣的性愛形態。由此可見，《問世》十一首歌曲的敘述視點相當複雜多變，在主角的前半生有不少人物交錯出現，各自留下影響的痕跡，直到二人出家後相遇，即由第七首的〈如來像去〉開始，便剩下二人世界的「你我」，端看主唱的是和尚還是尼姑（林夕或周耀輝填寫的），來決定情慾的主體和客體是誰。例如林夕寫的〈你前來・我過去〉：「生死老病如輪迴／輪迴前悟透空是你色是你／你割據我腦袋／我愛你如像咒語／咒語靠結合拆開」，便是以和尚的視點書寫他跟尼姑的「你」不顧佛家戒條，尋求靈慾合一的交歡；而周耀輝寫的〈不了〉：「仍然被你呼召／仍然被眾生呼召／看看看我怎樣明白笑／看看你今我哭過便想偷笑」，藉着男女聲部二重唱，帶出尼姑因和尚的「你」而得到的覺悟。然而，詭異的是這些你你我我不斷的轉換，卻單由麥浚龍一把男聲反覆演唱，他是一人飾演二角，既是劊子手的和尚，也是雛妓的尼姑，閱聽者又如何換置接收？或許，我們先從《問世》的主題與異色說起！

## （3）性別犯界的異端者

　　《問世》的英文標題是 Evil is a Point of View，意思是「邪惡是一個角度」，直接點出主題的立場，就是歌頌人性的黑暗，「evil」代表的異質，為對抗世界的正面與光明而來，跟麥浚龍之前和之後的作品一樣，這張唱片也是游走社會主流價值觀以外的實驗。麥浚龍說安排劊子手和雛妓後來成為和尚與尼姑，並且交歡、結合和懷孕，是為了表達一種「純愛」的境界，那是超越凡塵一切禁忌之愛，同時也質疑投擲石頭、審判男女主角的旁觀者到底誰人真正擁有權力？大愛是否可以懲罰小愛？「愛是很簡單的，最複雜其實是人性。」[6] 無論是劊子手、雛妓還是和尚與尼姑，都是社會邊緣的人種，前者做着不為世俗稱許的工作，一個是暴力刑法的執行者，一個是出賣自己身體和色相的女子，而和尚與尼姑卻是遁入空門的零餘者，不屬於滾滾紅塵或繁華世界，是為了個人罪孽而接受懲罰的贖罪者，甚至被認為是不事生產、依附宗教團體的寄生者，這樣的兩個人，從前半世走到下半生，還要干犯道德的戒律而相愛起來，更加萬劫不復和罪無可赦，這簡直是雙重邊緣和異質的人物設定。

6　見歐陽有男的訪問〈Juno·林夕·周耀輝：Evil is a Point of View〉，頁 4。

美國酷兒論者傑克・哈伯斯坦（Jack Halberstam）在《卡卡女性主義》（*Gaga Feminism: Sex, Gender, and the End of Normal*）一書中，嚴厲批判主流社會向來利用婚姻和生育的機制捆綁女性，不能結婚或無法生育的都被視為異端，於是女同性戀者、跨性別人士等常常被否決於各樣經濟、文化和政治建構（68）。哈伯斯坦指出性與性別其實跟人性一樣，早已千差萬別，內裏亦各有分裂和矛盾的合成，但社會為了保障原有運行的系統和異性戀社群既得的利益，依然採用保守的規條箝制性相、操控身體，並且抹除這些差異（71）；所謂「正常」（normal），就是穩定，借用潔淨的性來維繫社會平衡與道德秩序，以僵固的性別系統產生同質化的效果，杜絕偏差的行為，但在日常的實踐中，人類的性偏偏比現實的規範來得還要野性、任意和難於馴服，於是出現性別的異端（74-75）。這些異端在「正常」的範疇以外，無法沿用原有的體系認知和辯證，於是哈伯斯坦提出從生態學的框架出發，重新發掘猶如氣候和生態系統那樣多變的性別狀況，包括懷孕男人（pregnant man）、彈性異性戀（heteroflexibility）、都會自性戀（metrosexuality）、性別流性（gender fluidity）等類型，皆足以震碎傳統的、固定的識別板塊（81）。哈伯斯坦關於「終結正常」、「引發異端」的論述，很能解釋《問世》的人物情態——殺人如麻的劊子手生人勿近，常常被認定沒有後代是其業報；妓女供給千人枕、萬人抱，早已被排除於處女、賢妻、

良人或節婦的範圍，伴隨而來祇有傷風敗俗的罵名；至於和尚與尼姑，更被認定必須清心寡慾、潔身自愛，而《問世》的男女主角全部犯戒也犯界，他們逾越規矩，變成異端，被墨守道統的人審判罪名，這些人高舉道德的令牌，運用群眾的權力，打壓不符合規範的性與慾望，當中單曲〈孽〉和〈結〉是大碟的高潮，故事也在高潮中戛然而止。〈孽〉是孽緣，和尚在公眾擲石審判下變成受害人，但他無悔為愛情慷慨就義：「犯下罪狀是下流」、「由凡人來滅我活口」、「原來連神佛都不自由」、「我終於肯相信活着到永久 / 懷內血肉有聲」，林夕的歌詞一方面譴責道德非議的群眾無異於劊子手，將自由戀愛的人送上斷頭台，另一方面借和尚的自白肯定這份情愛的價值，顯示他一人承擔的勇氣，以及身死後由下一代延續生命的寄託。至於〈結〉，包含結束、結果、結子、結合、了結、死結、結緣和結怨等多種歧義，是主角二人從死到生的輪迴：「到底有因 / 還是無意 / 十個月飲過了一切沉默 / 我本無礙你非無奈化為 / 胎中物請不要一染塵便要飲泣」，這輩子二人犯禁相愛，最終和尚犧牲了性命，卻換來尼姑帶着自己骨肉活下去的機會，「十月懷胎」是一個新生體在另一個人身上種下的生機，超越了「罪與罰」的懲戒，一切罪愆經過新生命的降臨而獲得洗滌，一句「為着淨土沾滿人性 / 異物便合襯」，更頌揚了性別異端者忠於自我人性的渴求而作出了奉獻。借用哈伯斯坦的用語，和尚與尼姑的情慾

就是「終結正常」、「引發異端」的訴求與行動，這種被打壓的情操必然以悲劇收場，因為反抗的力量太微薄，但「留下孩子」，卻保存了持續抗爭、期待改變世界的希望。麥浚龍曾經說過感情最引人也最磨人的就是它的複雜性，從小到大他都不看童話，卻喜歡感情內的所有瑕疵、喜歡內裏的沙石[7]。誠然麥浚龍的聲音帶有瑕疵，但唯其如此才能演繹這些充滿異質的人性，建立非常黯黑的感染力量，然則，他如何唱？我們怎樣聽？

## （4）演唱者的聲音與身體

麥浚龍一直被認為是「studio 歌手」，在錄音室才能發揮功力，一旦換在現場演唱，總會發生誤差，無法達到預期效果，不能表現跟錄音室一樣的水準，但也有人認為這是他的優點，證明了唱片製作認真而有風格，而麥浚龍被問及演唱的問題時，也毫不在意的說自己沒有特意保養聲音，反而「懷着一份狠心，是如何摧毀它」，又說對自己的聲音感到陌生，也許害怕太熟悉的感覺，就沒有出發探索的空間[8]。麥浚龍這些處理個人聲音和回應媒體的方法，我視為一種策略，那就是通過拒絕完美來甩掉包袱，由始至終他走的都不是主流形象，不標榜英俊的帥氣或情深款款，

---

[7] 見 lemi 的訪問〈麥浚龍的虛幻與董折的真實〉。

[8] 見彭嘉彬的訪問〈拉闊音樂會後首談唱功〉。

而是帶點「古靈精怪」的怪異模樣，俗稱「怪雞」的異相或荒誕（grotesque），一種奇形怪狀、以醜為美的行徑，走 cult 的路線，嬉玩大膽破格、浮誇而病態的美學，貫徹外在裝扮、電影類型、唱片題材和聲情表述，例如 skin head 配大把鬍子、闊袍大袖的黑白灰衣服配圓形太陽眼鏡，或用一頂熒光黃色的冷帽蓋着眼睛唱歌（被戲稱為「避孕套」造型[9]），演唱離經叛道的歌曲、不信任婚姻等言行，早已被歌迷視為另類偶像。作曲家伍樂成曾經指出，出道後十年麥浚龍的「唱腔成熟了，聲底厚了，音域也提高，可能他當過導演，懂得表達想要的畫面[10]」；他是一個很有個人意識的歌手，很明白自我的優勢和缺陷，又同時非常靈慧地懂得利用這些附在身上的特性，使之化成個人的美學取向。

羅蘭・巴特（Roland Barthes）的音樂論述中，曾經提出「聲音的粒子」（the grain of the voice）的概念，認為歌唱的音樂中具有一種超越表意、再現和溝通功能的特質存在，所謂「音粒」，就是嗓音「voice」連繫「身體」（body）極致合一的境界，是身體的「物質性」（materiality）的表現，我們諦聽一把聲音，便

---

[9] Newsroom 的〈麥浚龍歷年造型進化史〉有相關的圖片和說明。

[10] 見胡靜雯與葉青霞的訪問〈煉就任性 Juno：三大詞曲功臣〉。

會從而聯繫某個身體的存有（181-182）。此外，巴特還借用茱莉亞‧克莉斯蒂娃（Julia Kristeva）的語言學觀點，開展「現象歌曲」（pheno-song）和「生成歌曲」（geno-song）兩種層次的聲音表述[11]；「現象歌曲」指向溝通系統和再現功能，屬於演唱的語言結構、類型規範、唱腔的法規、作曲家的曲式、詮釋的方向等等，那是文化價值的組織，包括認許的品味、時尚和記錄，直接撐持時代的意識形態與表達特性；相反的，「生成歌曲」跟一切溝通、再現和表述的意義無關，而是演唱或言說的聲音，並由此萌發承載語言物質性的空間，是演唱者富於聲色引發而來的快感，是那些被唱出的字詞形構的聲音特質（182）[12]。換句話說，「現象歌曲」是文化建構的產物，演繹者着重歌曲的表意功能、傳達訊息的效果，而「生成歌

[11] 巴特借用克莉斯蒂娃兩個概念 phenotext 和 genotext，衍生而成 pheno-song 和 geno-song，這四個術語難於翻譯，phenotext 和 genotext 通常譯為「現象文本」和「生成文本」，而 pheno-song 和 geno-song 卻譯成「現象音樂」和「生成音樂」，但我覺得無法對應「song」的字義，詳細解說可以參考蔡秀枝的文章。

[12] 個人認為，巴特的 pheno-song 與 geno-song 是他向來「二元思維」結構的產物，跟他的攝影理論 Camera Lucida 之中的「知面」（studium）和「刺點」（punctum）一樣，前者是文化知識與符號功能，後者是個人發見的細節和情緒快感。如果將巴特的攝影與音樂論述擺在一起詮釋，會更能理解概念的內容；其實，無論是攝影還是音樂，巴特銳意發掘的是本體論的哲學，The Grain of the Voice 討論聲音的本體，那就是「聲音」作為聲音的存在到底是甚麼？而不是聲音告訴我們甚麼！

曲」卻是純粹嗓音的展示，還原語言最原始存在的發音狀態，以及經由這個身體而來的血肉生命。巴特以幽默嘲諷的語氣指出，唱歌不是為了表示呼吸正常、發音清晰準確，也不是為了炫耀技巧、表達肺容量宏大、或拔高聲線的勇武，而是通過發聲來安放語言，記載一個連結的身體，「聲音」既是抽象的，也是物質性的，通過語音的辨識，我們能夠聽見聲音中的眾聲（hearing voices within the voice），那是一個聲音無限拓展的空間，馳騁我們的想像，帶動無法窮盡的迴響（184）。於是，「聲音的粒子」或「音粒」不是單單的音質或音色，而是一種以歌曲書寫語言的境界[13]，巴特覺得，假如歌手演唱時祇在意直述語言，而我們聽歌時又祇尋求理解歌曲含義，便無法深入音樂內層豐富的意境、或享受歌曲營造的快樂，語言作為「無用」的存在，它的「無用」才是「大用」之處（是的，巴特很受東方哲學影響），美妙的嗓音應該撤除一切建制的價值，是快感或狂喜的空間，是語言的無用之境，因為祇有這樣，才能回歸語言在音樂中的韻律構成（187）。此外，音粒傳遞來自身體，這個身體的表演性也必包含嗓音之中，我們聆聽一個男人或女人演唱，便是通過聲音跟這個男人或女人的主體發生

---

[13] 原文是 "The song must speak, must write—for what is produced at the level of the geno-song is finally writing (185)."

和應，當中有慾望或情色的介入，並從身體的意象進入內在靈魂的深處，震動共鳴、激發情緒；我們聽歌的目的不是為了聽懂一些言說，而是發掘跟演唱者一起的共存感，一個歌手演繹歌曲，也不是為了表現完美無瑕的技法，而是唱出自己的存在感，衹有這樣才能建立音樂快感的美學（aesthetics of musical pleasure）（188-189）。巴特的音樂理論提供了另闢蹊徑的閱聽方法，到底我們如何通過「聲音」進入音樂的經驗狀態？歌手的嗓音導航了怎樣的聆聽空間？相對於許多唱功凌厲歌手，麥浚龍的嗓音並不完美，他無法也不刻意賣弄肺容量很大、咬字清晰、字字鏗鏘的本領，也不走悅耳動聽的套式，有時候以「礙耳」或「沙石」的聲音刺激閱聽者的感官，有時候不看歌詞，甚至不能辨別歌詞的字句，但他的嗓音容易辨別，而且異於常人，帶點無法豢養和馴服的野性（或野人特質），他的假聲／高音形構一種男身女聲的雌雄同體狀況，使他演繹的女性歌曲別樹一格。

## （5）麥浚龍的嗓音特性

　　從〈雌雄同體〉開始，麥浚龍改變了自己的音樂生涯，喜歡演唱女性音調的歌曲，其後的〈弱水三千〉、〈超生培慾〉和〈瑕疵〉等等，都是這種可以逆反男性歌手選擇的實踐，甚至有作曲家為他度身訂造女聲 demo（例如馮穎琪）；他說：「咩叫男仔 melody？咩叫女仔 melody？點為之不可能？點解唔

可以撈亂唱？於是乎我就開始祇收女仔 melody。」[14]
周耀輝也指出麥浚龍熱愛黯黑類音樂，剛巧他也不會
處理光明、樂觀的東西，於是可以很放肆去寫，是一
個「無限」的經驗[15]。一個是逆反性別分工常規的歌
手，一個是擅長黑暗題材的填詞人，二人合體便打造
了許多歌曲的情慾異境。麥浚龍在《問世》的聲情演
繹，共有三項特色：

　　第一是由男聲演繹女性角色的自白──故事中有
劊子手／和尚與雛妓／尼姑，但麥浚龍沒有像〈羅生
門〉系列、或董折和浦銘心的故事那樣，邀請另一位
女歌手來分配角色，而是一人擔演二角、分飾男女的
二重身份，於是連帶屬於雛妓／尼姑的情節，也由他
一人兼任，而周耀輝填詞的〈初開〉、〈呻吟〉和〈如髮〉
都是直接描繪女性的身體與情慾──〈初開〉唱道：「藏
於暗室／聽着氣息／默默令耳垂動盪／動盪着不知不
覺／祇知遮擋世界的殼／比雪薄」，麥浚龍用很輕的
聲音敘述雛妓的初夜，歌詞中的「眼皮」、「耳垂」、「氣
息」、「尾巴」、「舌尖」和「肉身」等全屬於女體，由
一把男聲以第一身視點演唱，帶點中性的高音充滿纏
綿的觸感，一些強烈的重音字句更有悲壯的意味，例
如副歌：「我在裂開裂開／混沌將裂開／願肉身開花

<hr>

[14] 見彭嘉彬的訪問〈拉闊音樂會後首談唱功〉。
[15] 見胡靜雯、葉青霞訪問〈煉就任性 Juno：三大詞曲功臣〉。

結果 / 我在裂開裂開 / 瞬間一切被敞開 / 換來甚麼 / 換來甚麼」，歌詞以「身體裂開」暗示雛妓破處的情狀，麥浚龍運用延綿跌宕的氣聲，帶出天崩地裂、蕩氣迴腸的感官，植入閱聽者的想像畫面，而第二段的副歌更直達高潮：「要是換骨之中總會脫胎 / 容許我 / 抹汗」，「抹汗」兩字以渾厚、強而有力的男聲噴發而出，加上女聲和音襯底，男女交合的激情彷彿撕裂空間、撕開聽覺，營造驚心動魄的入骨銷魂。當然，在香港流行音樂歷史上，不缺乏以性感魅惑的嗓音演唱情慾的歌手，之前有羅文，及後有張國榮和梅艷芳，但以男身化成女音、扮演女角、進入女性身體和心理的演繹者，麥浚龍應該是罕有的一個。這種男體女音、或以男身飾演女角，在閱聽層面上其實也打開了性別的二重性，我們既在聽一首關於女性的歌曲，又同時明白這是一把男性聲音，於是容易產生一種幻覺（或幻聽），是一個男子跟一個女子交合結果的歌曲，相對於向來男歌手演唱男人歌曲、女歌手演唱女人歌曲，麥浚龍這種性別介入或穿越的做法，卻成功地衍生更複雜多變的情色邊界！

第二是麥浚龍跟女歌手合唱或二部輪唱，進一步強化了他那把陰性的男高音或男假音，例如〈如髮〉有盧凱彤，而〈結〉有薛凱琪。〈如髮〉關於女性身體的變化，周耀輝透過「體毛」的生長展示女體日漸成熟，也借用體毛的接觸暗示兩性交歡：「暗暗生出

如髮（濃濃密密似掛於心眼裏的麻）/ 暗暗生出幼嫩的
黑（濃濃密密像萬句某異國的說話）/ 沾濕過最後為蒸
發 / 能填盡萬個裏海未能填盡我空白」，歌曲的前半
部由麥浚龍主音、盧凱彤以二部輪唱做和音襯托，即
括號內的歌詞，麥浚龍的嗓音主導了整首歌曲的情韻
氣氛，盧凱彤的和音帶着遠隔和迷幻，彷彿女主角心
裏有另一把自己的聲音在反覆吟詠和細緻觀察，但到
了最後一段，二人的位置卻易轉過來，盧凱彤以主音
形式演唱：

　　永遠生出如髮
　　永遠生出幼嫩的黑
　　沾濕過最後為蒸發
　　能填盡萬個裏海未能填盡我空白
　　（濃濃密密似愛嗎）
　　⋯⋯
　　吻過天下除下我　一身黑髮
　　吻過天下遺下了　遍地紅顏

非常清晰的女聲回到女主角的女身自述，而麥浚龍的
和音卻更輕柔飄忽，有一種身份換置過後，拉開眾生
相的維度，尤其是最後兩句，顯示由一個「我」去到
「遍地紅顏」，從女子個體走向女性群體，帶出女體成
長的提升。

第三是音樂的編排跟麥浚龍嗓音撞擊的效果——我們聽歌從來不會單向或單純地接收字詞的意思，必須連着音樂的旋律而來，字詞表達的效果全賴歌手聲音的掌握和演繹；先前引述巴特的理論說過，「生成歌曲」最極致的表現是聲音空間的開拓、歌唱者表演身體的能量釋放，《問世》中〈孽〉最能體會這種樂聲與嗓音無縫結合的意境。這首歌曲關於和尚面對死刑的控訴，以一段低頻率的電音打開序幕，麥浚龍以沉厚的低音唱出第一段的歌詞，然後很快便轉入高音音域，林夕巧妙地在現代語法的句子中，融入佛經的字詞，而編曲的蔡德才更將電子音樂跟中樂的胡琴、二胡、中胡等聯合起來，在古典的氛圍中營造現代感的意識，電音與中樂彼此撕裂，尤其是二胡極度激烈的拉長尾音，配合兩組副歌：「原來連神佛都不自由／誰虔誠誰便會判出好醜」、「為何連神佛都低下頭／由凡人來滅我活口」，鮮活地呈現了和尚在生死情慾邊緣的掙扎、憤恨和指控。麥浚龍唱來充滿顛覆的力度，有時候我甚至覺得他是拼盡全身力氣跟陽剛壯烈的樂音廝殺，如果說電音和二胡的樂聲像刀鋒，不斷割斷聲音的連綿接續，那麼麥浚龍的嗓音就是風力，以割不斷的呼吸抵抗刀鋒的磨損，尤其是唱到最後一句「看透世界有這種／罪咎」，他在「看透世界有這種」之後，停頓了很長的空位，才用綿長的氣聲輕柔地唱出「罪咎」二字，而呼吸的聲響在字詞之後仍然繼續拉扯延伸，營造無語問蒼天的無奈與悲慟。此外，〈孽〉

也批判了蒙昧世俗坑害有情人的群眾權力，於是編曲安排了 Jerald and SENZA A Cappella 作為和音，「無伴奏」的人聲形成一幅聲音的牆壁，帶動排山倒海的音樂效果，更突顯了和尚的勢孤力弱，犯戒的情慾猶如雞蛋撞石牆，麥浚龍的嗓音游走在無伴奏的和音之間，每一刻都在劇烈撞擊或反擊，由是音樂、和音與演出者的嗓音形成無數漩渦，不斷攪動閱聽者的悲情感官。

## 結　語

　　麥浚龍的嗓音不完美，原本的聲底較薄，不屬於嘹亮雄渾的音域，也沒有清澈透明的音質，但經過年月的洗禮和訓練，也逐漸變厚，但依然不能掩飾一些瑕疵，但無可否認他這種聲音很有個性，而且祇此一家，何況他演繹的都是異乎常態的歌曲，不是性小眾的題材，便是越界的情慾或人性鬥爭，非常配合他這把異質的聲線。他每次推高自己演唱的極限，猶如測試閱聽者接收的能耐，他叛逆的不單是社會主流的價值體系，還有美學觀感的認知程度，何謂美？何謂醜？如果每個人都有愛的權力，那麼每把嗓音都應該容許發聲！


　　《問世》以音樂故事的形式，敘述反常的情慾故事，林夕將佛學哲理融入歌詞來締造空靈意境，而周耀輝則以男同志的陰性風格來書寫女體，正如哈伯斯

坦所言，是「終結正常」和「引發異端」的實踐，那是將人性難以馴服的特質釋放，同時解禁被壓抑的自由選擇；而麥浚龍的演唱，借用巴特的話語，不單祇是要我們聽懂字詞，而是要諦聽聲音中的眾聲與眾生，以個體聲音連結有血有肉的生命，建立音樂和歌曲的狂喜快感、或另類美學！《問世》在問世以來，獲得許多讚賞和正面評價，反映了黯黑類型的流行音樂仍有活存市場的契機，然而，隨着香港社會運動的發展，大碟的反叛意識卻逐漸成為抗爭的解讀，有樂迷田中小百合在網媒《立場新聞》中指出，〈劊子手最後一夜〉暗喻曾經政治冷感的主角，在殺掉革命家之後終於覺醒，而歌詞中被行刑的譚嗣同則象徵「義士」，他的犧牲喚醒了沉睡的民眾；此外，〈如髮〉的成長標誌香港本土意識的抬頭，〈髮落無聲〉、〈清靜〉和〈你前來·我過去〉可以視為經過困惑、走出困局、改變現況的行動，而〈結〉的精子與卵子交合帶來新生命，則代表腐朽的體制終必遇上新一代的延續抗爭[16]。當然，這些解讀跟麥浚龍的創作原意大相逕庭，而且也不是兩位填詞人的意向，但流行音樂的流播自有它獨立而多元的生命，隨着時代變遷、閱聽者的挪用，自然超越創作人的意料之內與控制以外。說實話，第一次聽〈結〉的時候，聽到林夕與周耀輝合寫的兩句歌詞：「翻翻滾滾悠悠六根難淨才犯禁 / 轟轟烈烈四野無人更需要解禁」，我竟然祇讀到裏面的兩個數字：「六四」！

也許是無心、或過度閱讀（over-reading），但其實可能是麥浚龍叛逆的歌音翻出了我的潛意識呢，為何不可？！

16 參考田中小百合的〈Evil Is a Point of View〉的樂評。

# PART THREE

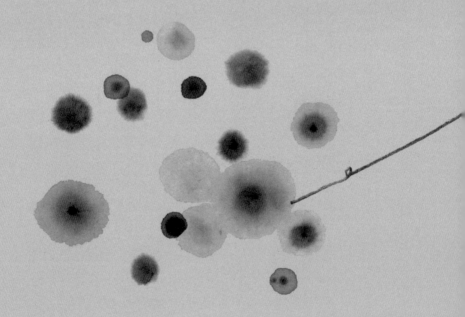

文學、歌詞與影像

# 第 5 章

## 給我優雅的解說
### ——從歌詞與文學的互涉閱聽《18 变》

　　當流行音樂遇上文學，聽的時候可以不知道，因為歌詞自成一個體系，但論述時卻不能視若無睹，因為那是一個文本中有文本的結構。當然，從羅蘭・巴特（Roland Barthes）的理念出發，所有閱聽的「文本」（text）本身就是文本中有文本，一種叫做「文本互涉」（intertextuality）的狀態（From Work to Text，60）。所謂「文本」是一種言說行動（speech-act），發生在寫作和閱讀的過程裏，作者在自己的作品嵌入其他來源的文字或典故，讀者帶着過去認知的經典或故事來翻閱，於是多種文本撞擊一起，形構創造的愉悅；還有一種「文本」，就是我們處身的社會與歷史環境，無論寫作還是閱讀都會涉入其中，這些都是文本互涉的基礎（60-62）。將巴特的觀念引入流行歌曲的研究（也是一種文本互涉），上列的基礎帶出三層意義：第一，填詞人引入其他文學典故構成自己的歌

詞，再經由演唱者聲演代言，落入聽眾的耳朵裏，有沒有辨認互涉的文本會否影響聽到甚麼、或沒有聽到甚麼的詮釋結果？第二，填詞人的文字跟那些潛入的文本到底是甚麼關係？直接挪用？反其道而行之？作為諷喻的隱藏？還是轉化成自我的宣言？第三，演唱者在以上多重聲音（或言說行動）的交織下，個體的位置又在哪裏？或倒轉來問（其實是追本溯源），填詞人在最初寫詞的時候，是否也為唱歌的人考慮或選擇可涉的文本？這個章節以「文學與歌詞」作為縱軸，追蹤寫作和閱聽的橫向流動，理論的架構是文本互涉，分析的對象是《18 变：周耀輝詞・文・觀》。

## （1）「文本互涉」及其衍生的意義

「文本互涉」的概念，源自俄國文論家巴赫汀（Bakhtin）的「對話主義」（dialogism），後經由保加利亞裔、留居法國的學者克莉斯蒂娃（Kristeva）和托多洛夫（Todorov）的翻譯、推廣和引申而來[1]。「文本互涉」不是修辭技巧，而是語言的結構與溝通狀態，克莉斯蒂娃認為「文本」之所以存在，牽涉三個元素：作者、讀者及他們的文化背景，那是一種交叉的連接──將文本置放歷史和社會的脈絡，任何寫

[1] 巴赫汀沒有直接提出「文本互涉」，但他的文論卻啟發了克莉斯蒂娃和托多洛夫，論題所限，這裏不詳述巴赫汀的理論，有興趣的可以參考巴赫汀兩本著作：*The Dialogic Imagination* 和 *Problems of Dostoevsky's Poetics*。

作和閱讀都不能避免涉入其中，寫作是一種閱讀書寫（reading-writing），作者將個人曾經接觸的文本在有意或無意之間寫入，由是歷時性（diachrony）轉入共時性（synchrony），直線的歷史累積變成橫向的陳述，而我們閱讀的時候，從字詞、句子到段落和篇章，是在拆解文本跟其他文字的關連，就這樣文本空間存在三個界面：書寫的主體（writing subject）、接收者（addressee）和外在文本（exterior texts）。在寫作的過程上，接受者（或讀者）早已被作者納入文本之中（文本為誰而寫），因而形成橫向的溝通橋樑；另一方面，任何文字都有它曾被應用的源流，作者不斷學習也吸收無數字詞、故事和經典，再涉入生存的社會狀況，因而形成繼承的直線坐標；這兩者結合就是「文本互涉」的狀態，任何「文本」都是無數其他文本鑲嵌而成，是沒有引號的引用，無論寫作還是閱讀都必須面對這種語言構成（36-37）。克莉斯蒂娃引用了索緒爾（Saussure）的理論，指出語言系統（language system）的雙重構成：第一重是「語言」（langue），是集體的、單一的、社會或社群共用的；第二是「言說」（parole），是從共用的語言提煉而成個體的、自我風格的個人話語（39）。這是說語言的學習本身也是文本互涉的過程，一個人怎樣在龐大的、外在的、約定俗成的語言系統中，學習、運用和創造自己的言說，既不能脫離大系統，同時又完成了個體表述的小系統，是無數文本的交錯或交戰、然後選擇和轉化的結果。

對克莉斯蒂娃來說，「文本互涉」屬於「超語言科學」（translinguistic science），在文本植入歷史或歷史置入文本的時候，必然揭示了一種「矛盾並存」（ambivalence），那是同一事物共存的矛盾形態，無論書寫還是閱讀，我們都不可能孤立地抓住單一的語言學（linguistics）方向，即是單單理解字詞表層的意思和排列，無助於深入理解語言的內層與外層結構。在這裏，克莉斯蒂娃提出了「詩化語言」（poetic language）的說法，那是一種雙重的（double）語態，不是語言符號單對單的指涉，而是符號之間的排列或磨鑄關係（40）。關於「詩化語言」的雙重特質，克莉斯蒂娃其實融合了索緒爾和巴特的學說，這裏我以簡單的例子說明：「玫瑰」這個字詞指向一種植物的花朵，是單向的命名，但當玫瑰象徵愛情的時候，便是詩化的語言，包含許多矛盾並存的想像，例如美麗與刺痛、吸引與危險等引申[2]。對克莉斯蒂娃來說，所有文學符號學（literary semiotics）必須建基於詩化的語言，它並非科學的語言，而是複調的聲音，不單是不同語言系統之間的串連，也是各樣社會、政治、文化和歷史背景的插入（41）。可以說，克莉斯蒂娃

---

[2]　相關的觀念，可以先看 Ferdinand de Saussure: "The Linguistic Sign"，然後再讀 Roland Barthes: "Myth Today"，索緒爾解釋了符號的基本構成，而巴特進一步引用來闡釋「神話學」的轉化，可以延伸所有隱喻和借喻的修辭、象徵的系統等運用。

繼承了巴赫汀的複音小說（polyphonic novel）、對話主義（dialogism）、眾聲喧嘩（heteroglossia）和狂歡節（carnivalesque）等理論，構建她的「文本互涉」，所謂文學語言（或詩化語言）必然是龐雜文本交織而成的產物，它是作者和讀者背後無數隱藏的知識體系與歷史時空，借用當代的比喻，猶如電腦的數據資料庫（database），我們懂得和儲存越多，越能書寫和閱讀不同類型的文本，越能拆解文本中有文本的線路，相反的，假如我們儲存不足或遺漏，遇上複音的作品、充滿眾聲的故事、或植入無數歷史脈絡的篇章，便祇能留在表層的單一指涉，而無法深入內層複雜而矛盾並存的表述符號 [3]。

在托多洛夫的《巴赫汀：對話原理》（*Mikhail Bakhtin: The Dialogical Principle*）一書中，有一個〈文本互涉〉（Intertexuality）的篇章，從克莉斯蒂娃的論述入手，迴響巴赫汀原文的段落，再延伸相關的概念。托多洛夫指出從基本說起，所有兩種言辭或發聲之間的關係就是「互文」，「文本互涉」屬於話語或論述的範疇，而不是語言學的層面，一個作者創造言說，同時也被言說創造，我們接觸（閱讀或聆聽）任何言

---

[3] 這裏舉一個最簡單的例子反證我的觀點，《紅樓夢》是一本體系非常龐大的小說，內裏牽涉的文本知識包括詩詞、戲曲、醫學、哲學、飲食文化、庭院建築、生活習俗、清代科舉與官階等等，還有因它而來無窮無盡的考據！

說，除了意識語言表述的內容外，也在意和認同說話者的聲音。托多洛夫借用巴赫汀的理論，強調話語背後總有無數他者的存在，互文之間或許有強弱的輕重比例，但語言一旦進入溝通，便進入了對話，我們的閱聽便進入了互文的狀態（61-63）。托多洛夫的闡述，讓我想起了西蒙·弗里斯（Simon Frith）的流行音樂理論，事實上，弗里斯分析歌詞和歌曲的多種聲音，也源自索緒爾、巴特到克莉斯蒂娃和托多洛夫的符號學系統，一首歌包含填詞人、故事角色、演唱者和聆聽者一起共同參與的眾多聲音，才能圓滿也完整構成整個創作和閱聽的過程，歌曲是「言說行動」（speech-act）和「發聲」（utterance），是多重的文本互涉[4]。當然，無論是巴赫汀還是托多洛夫，論述的主題是小說類型（間或涉及詩歌和散文體），但以互涉的方式加以轉化，流行歌曲其實更容易明證「文本互涉」的狀態，尤其是托多洛夫談及的藝術創造問題——「言說」作為一種或包含多種風格，在於它怎樣運用原始的或原有的語言，包括日常生活的對話，藝術家必須具有克服和駕馭基本材料的能力，既運用語言又不被語言規限，能夠自由出入往返表述的內層與外層，借他者的文本說自己的文本，通過直述、轉述、模仿、嘲諷、反話等技法，讓自己的、角色的、本我

---

[4] 有關弗里斯的流行音樂理論，見第一、第二章的解說和應用。

的、他我的重重聲音，層層包裹、流動和凝聚（67-
72）。轉入流行音樂研究上，我們便發現任何歌詞
或歌曲，本身已是文本多重互涉的結果，而「文學」
典故或文本的插入，祇是其中一種常見的方式，尤
其是許多填詞人若不是讀文學出身、便是文學的喜
好者和創作人，遠的有鄭國江、黃霑與盧國沾，近
的有林夕和周耀輝。然而，「歌詞與文學」的跨界，
不是一對一的對等關係，也不是借來代言這樣簡單
的事情，正如托多洛夫所言，他者文本涉入的比重、
轉化的手段是千變萬化也千差萬別的，然後落入歌
手的嗓音演繹，更由紙面的文本互涉變成聽覺的眾
聲喧嘩了。此外，歌手的年齡、性別和形象，也會
直接影響填詞人選擇的文本和託物喻志的手法，在
為自己和為他人而寫之間，插入的文本也不得不有
所取捨、歪離或反轉。

　　自從千禧年之後，香港流行音樂出現了一個新
的風尚，發行了許多以填詞人作品為選輯對象、跨
越不同唱片公司合作的概念大碟，體現填詞人（而
不是一貫的歌手）作為創作主體的重要位置，計有
《林夕音樂詞典》、《林夕字傳》和《林夕字傳 2》、
《黃偉文十年選》和《黃偉文大選》三輯、《好歌獻
給你：鄭國江作品集》、《潘源良是誰最愛作品選》，
以及連結十四間唱片公司、合共六張唱片的《林振
強依然愛不完》等等[5]。2007 年英皇娛樂發行《18 变：

周耀輝詞・文・觀》，是目前周耀輝唯一以填詞人身份出版的概念大碟，兩張唱片收錄英皇旗下歌手合共三十三首歌曲，以當年青春組合 Twins 的同名歌曲命名，除了歌詞之外，大碟內附有兩種文字，一種是周耀輝為歌曲而寫的簡短說明或文案，另一種是他發表於《北京經濟觀察報》和《越界》的散文[6]。儘管《18 变》祇限於一家唱片公司的歌曲，收錄的也祇限於 2000 年之後作品，未能涵蓋周耀輝過去三十年的創作版圖，但作為目前唯一的選本，也可以窺見填詞人一鱗半爪的創作痕跡。由於部分歌曲已經落入其他章節的分析[7]，這裏祇集中「歌詞與文學」的命題，分析〈華麗緣〉、〈眼淚贊〉和〈賣火柴的女孩〉等三首作品的互文特性。

---

[5] 以填詞人作為出版單位的唱片形式，不是始於 2000 年代，1990 年有滾石唱片公司為黃霑發行電影歌曲專輯，叫做《笑傲江湖：百無禁忌黃霑作品集》，單一唱片收錄十首國粵語歌曲，另加一首詞人的口琴獨奏；然而，千禧世紀之後，這種「詞人唱片」卻蔚為風潮，成為有趣的文化現象。

[6] 由於這些散文跟大碟的歌曲沒有直接關連，為免離題而不作討論。另外，這套專輯的內外雙封面、以及宣傳書腰寫着的名字都是《18 变：周耀輝詞・文・觀》，至於為何採用簡體字《18 变》的標題？內文找不到任何解釋，成為目前研究的懸案。

[7] 黃耀明的〈南方舞廳〉見第一章、〈維納斯〉見第二章，容祖兒的〈舌尖開叉〉見第三章，黃耀明的〈給你〉見後記。

## （2）反愛情：〈華麗緣〉與張愛玲

在香港和台灣流行音樂歷史上，取名〈華麗緣〉的歌曲共有三首，第一首是上世紀九十年代初林夕為曾慶瑜寫的〈華麗緣〉，是台灣電視劇《一代名妓李師師》的國語片尾曲；第二首是 1997 年黃偉文為湯寶如寫的〈華麗緣〉，收錄於粵語大碟《開始很美》；第三首是 2002 年周耀輝為葉蒨文寫的〈華麗緣〉，是唱片《你聽到》第二主打歌曲，後再收入《18 变》——三首〈華麗緣〉都跟張愛玲的散文有關 [8]。1947 年 4 月，張愛玲在上海的《大家》第一期發表散文〈華麗緣〉，有評論人認為是她跟胡蘭成關係破裂後寫成的作品，「文中所記大概是她去尋找胡蘭成時在溫州鄉下看戲時的見聞與感想（吳亦賦）。」我無法也無意考訂張愛玲的寫作因緣和動機，但有趣的是在《張愛玲文集》第四卷的收錄中，〈華麗緣〉的篇目下有一個副題：「這個題目譯成白話是『一個行頭考究的愛情故事』（248）」，這個副標題很能道出這篇散文的內容和題旨，也跟周耀輝的歌詞有點遙相呼應。散文〈華麗緣〉敘述主角「我」和「閔少奶奶」在大白天的時節，一起去鄉下的祠堂看戲，看的是一齣比《西廂記》更要放蕩的「淫戲」，公子小姐深夜調情，哼哼唧唧的你推我就，一夕魚水之歡之後男角繼續上路，卻又

---

[8] 三首〈華麗緣〉的分析和比較，可以參考吳亦賦的文章〈不同詞人的《華麗緣》〉，這裏祇討論周耀輝的版本。

碰遇另一個端秀的富戶閨女，索性賣身入門伺機親近。張愛玲發揮一貫辛辣而華麗的文字風格，在表層精緻、充滿視覺色彩和感官描繪的遣詞造句裏，暗藏冷嘲熱諷的機鋒，她着力寫出戲台上才子佳人和演出戲子的情態，從衣飾的細節、眉目的表情到蕩漾風情的身體語言等，都鉅細無遺，但目的不在於點評戲曲，而是嘲弄人世間的愛情彷彿一台吹奏響亮的劇目，不過是以華麗的裝飾掩藏底下浮淺的、虛假的、貪婪的和忘舊的黑暗人性，例如白天的陽光跟舞台的燈光混和起來，讓她有「一種悽哀。藝術與現實之間有一塊地方疊印着，變得恍惚起來（308）」，她甚至說戲台上下的那些人，「男男女女都好得非凡。每人都是幾何學上是一個『點』—— 祇有地位，沒有長度、寬度與厚度」，而她祇能「一路跌跌衝衝，踉踉蹌蹌的走了出去（313）」。張愛玲的〈華麗緣〉，表面上讚揚舞台上聲色曼麗的姻緣，實際上卻暗諷塵世間虛有其表、經不起考驗的愛情關係，是以「華麗」的面料托出「蒼涼」的底子，所謂「一個行頭考究的愛情故事」，就是愛得表面而虛飾，彷彿擺出排場做給人看的戲，而不是樸實無華的純愛或細水長流的真情關顧。

周耀輝填詞的歌曲〈華麗緣〉，從另類角度延展了張愛玲的題旨，排列許多華美的辭藻，彼此之間卻互相消解，像「一時感觸／我便遺下睫毛／飄入你心

再落到糞土 / 漫天是蠟燭 / 穿到高貴白袍 / 華麗其實無用」，這是癡心錯付、枉費心機的情愛結局，詞中的「我」給「你」的情愫，不單不能常駐對方的心，而且被對待為一文不值的東西。此外，「華麗其實無用」一句，貫串整首歌曲，是相當明白的陳述（statement），乃洞穿虛妄的體悟，也是歌詞的基調，其他段落的鋪述都是為了演繹這句話語：「傾城祝福 / 我便隆重宣佈 / 一樣跌倒 / 已做到最好 / 甚麼是幸福 / 想到雙眼漸紅 / 華麗其實無用」，都是一些前後矛盾的句子，用以強調愛情的反面或假面。副歌部分，直接轉化了張愛玲的「戲台」意象：

転又轉又轉　原地在轉

相信戀愛不很遠

但我恐怕轉過年月都不過踏到邊緣

如愛便愛直到華麗被揭穿　恰似考究的小說

被角色　被橋段　迷住

⋯⋯

如愛着你直到　庸俗地看穿

給我優雅的解說　像鏡花　像浮月

如緣盡記住　被華麗片段迷住

「被角色、被橋段迷住」或「像鏡花、像浮月」等比喻，可以聯想張愛玲原文的戲台與曲文，周耀輝甚至將「張愛玲」本人也當成一個文本，寫入歌詞的脈絡中，

使圍繞這個民國傳奇女子而來的愛情故事（尤其是跟胡蘭成的顛覆關係[9]），也涉入閱聽時候的對照、比較或轉喻的樂趣中！另一方面，副歌部分也發展了「時間」的主題，不是說情愛經不起歲月的考驗，而是指出即使窮盡一生心力，永遠都無法得到可以「不變」、「永續」的愛情，人既不能沒有愛情，但愛情卻恆常無法把捉，這是人生周而復始的遺憾。周耀輝抓住了張愛玲原有的諷喻格局，甚至連接她一生書寫的小說世界，尤其是那些佈滿自私自利、爾虞我詐、步步驚心的愛情版圖，來揭穿愛情的幻像與不可靠。葉蒨文唱來哀慟轟烈，中段的副歌尤其激情迴蕩，歌手個人久經愛情滄桑的歷練，也鑄入聲情之中，歌詞的意象跟歌手的形象互相補足和建構內容。這是一首情歌，卻是「反愛情」的，熟悉張愛玲文學的閱聽者，自然能夠漫開一層扣着一層的聯繫想像，沒有這些文本知識的，或許會單純地從失意情歌的角度進發，將自身的體驗融入旋律撩動的意境中去！

[9] 根據張愛玲弟弟張子靜的回憶錄，張愛玲邂逅胡蘭成的時候，已知對方有家室，也不忌諱他的「漢奸」身份，婚書上張愛玲寫下「胡蘭成張愛玲簽訂終身，結為夫婦」，胡蘭成補上「願使歲月靜好，現世安穩」，後來胡蘭成去了武漢後，很快搭上一個小護士，最後離婚收場。張子靜寫道：「姊姊聰明一世，愛情上卻沉迷一時。這個婚姻沒有給她安穩、幸福，後來且是一連串深深的傷害。」詳細記錄，見《我的姊姊張愛玲》，頁 190-191。

## (3) 反性別：〈眼淚讚〉與羅蘭・巴特

　　〈眼淚讚〉的創作靈感來自巴特的愛情經典《戀人絮語》（*A Lover's Discourse*），周耀輝在《18 变》的歌詞旁邊，直接引用原文作為歌曲的文案：

> 我通過眼淚來打動對方，對他施加壓力（「看你把我弄成甚麼樣子了」），對方便可能——常情就是這樣——被迫要表示公平的同情或冷漠；但我也可能衝着自己哭。我對自己落淚，為了證明我的悲傷並不是幻覺：眼淚是符號跡象，而不是表情。（羅蘭・巴特）

翻查巴特的原著，周耀輝的引文應該出自《戀人絮語》中字母「P」的條目，即是「pleurer/ crying」，法文原文是「Éloge des larmes」、英譯是「In Praise of Tears」的章節，直接語譯便是「眼淚讚」了[10]！巴特的《戀人絮語》是一本奇異的書，原是他在大學課堂上講授歌德（Goethe）名著《少年維特的煩惱》（*The Sorrows of Young Werther*）的筆記，然後擴展成書，通過無數來自哲學、詩學、文學和心理學的引文，形成一種鑲嵌式的文本格局，以英文字母排列篇章，分章講述愛情的各樣狀態，行文斷裂、意象浮動，充滿自

---

[10]　「讚」是頌揚的文體。另外，由於《18变》的引文沒有出處，不知道周耀輝借用的版本和譯本是甚麼，這裏我採用英譯本為主、法文原版輔助，作為分析材料。

言自語或自哀自怨的內心獨白，書寫因愛情而來的身體、慾望、情緒和人際關係等種種變化。〈眼淚贊〉一篇，從情人愛哭的現象剖析淚水的象徵含義，它從身體的器官而來，帶有味道、歷史、感性和禁忌，例如男人為了陽剛氣概不能隨便的哭，流淚各有不同的處境和因由，而哭的形態和效果也因人而異和因時制宜（180-181）。周耀輝引錄的是文章最後一段，主要講述「眼淚」作為情感勒索的一種手段，一個人哭（或文中第一身的「我哭」）是為了感動他人、反控情人的狠心，明證這份不被接納的愛的確真實存在，「眼淚是符號，而不是表述」（tears are signs, not expressions，182），意思是眼淚是愛情的信號系統，而不是表達或表情工具，不是為了達到溝通的目的，而是通過它帶動局中人或旁觀者的認知和聯想。文章最後甚至指出敘述者「我」用眼淚來講故事、或生出一個哀傷的神話，比語言更能觸發同情和對話（182）。巴特的絮語融合哲學思維和心理導向，以詩意的文字裝載曖昧的感性與感官描寫，而且本身就是一種文本互涉的書寫實踐，單是〈眼淚贊〉一篇，便已經嵌入 Werther、Schubert 和 Michelet 三人的文字，篇目「In Praise of Tears」本身就是舒伯特（Schubert）的音樂詩篇[11]，沒有引號的引用，分不清原文和巴特的個人轉化，糅合而成複音的狀態，隨閱讀而聚合或分離。

| [11] 見巴特原文的注釋，頁 180。

周耀輝的〈眼淚贊〉由黃耀明與容祖兒合唱，作曲和編曲的阿里安將它譜成類近二重唱的曲式，於是歌詞的排列有至少兩重聲音，第一層是主音黃耀明演唱的內容，字詞比較豐富、段落較多變化，第二層是容祖兒仿若襯底的和音，樂句和文句都比較劃一而重複：

　　味　就趁休克之際吞到意識裏
　　直至身邊的你說一句　流下眼淚
　　道　就借彎曲之處伸到記憶裏
　　直至青春的我老一歲　流下眼淚
　　愛　太多應許

　　揮之不去　刻入脊椎
　　揮之不去　鑲入耳墜
　　揮之不去　湧入腦海不退　全是眼淚

　　慾　就算不知不覺翻到刺激裏
　　別要解釋一切對不對　流下眼淚
　　望　就叫今生今世鋪到記憶裏
　　沒有方式可以更乾脆　流下眼淚
　　愛　太多應許

　　揮之不去　吹入市區
　　揮之不去　飄入午睡
　　揮之不去　寫入永生裏　全是眼淚

攤開歌詞來看，可以看到黃耀明演唱的兩個段落，暗藏了「味、道、愛」和「慾、望、愛」六個關鍵詞，從「眼淚」的身體感官而來，也是巴特在《戀人絮語》中逐步解構的象徵系統。巴特說「眼淚」是身體的液體擴張（a body in liquid expansion），周耀輝的歌詞寫道：「味／就趁休克之際吞到意識裏／直至身邊的你說一句／流下眼淚」；巴特問眼淚可有歷史？我們甚麼時候在怎樣的社會曾經哭過？周耀輝的歌詞寫道：「望／就叫今生今世鋪到記憶裏／沒有方式可以更乾脆／流下眼淚」。此外，容祖兒演繹的「揮之不去、全是眼淚」兩個部分，也有兩組意象：第一組「脊椎、耳墜、腦海」關於身體的器官，第二組「市區、午睡、永生」屬於日常或生命的情景，也分別迴響了巴特書寫的流淚範疇。將《戀人絮語》和歌詞的〈眼淚贊〉平行閱讀，便會發現周耀輝如何擷取一些相關的意念，融入音樂的旋律中，再衍生他關於青春、身體和記憶的思慮──如果「眼淚」真的也有歷史，那便是個人的身體與情感記認，是有形骸的物質，化成了無形狀的痛苦和思念，即使風乾或蒸發，那些痕跡仍然駐留意識之中。

　　從性別角度看兩個文本的〈眼淚贊〉，還牽出一個「潛文本」（sub-text）的線路，作為一個終身沒有正式出櫃的男同志作家，巴特的《戀人絮語》為自己不能公開的情慾和怨念銘刻紀念，書中愛慾對象的大

部分代名詞都是男性的「他」，或明或暗地彰顯了戀戀「基情」！同是男同性戀者的周耀輝引用巴特的絮語，為男同志歌手黃耀明寫出一首關於眼淚的歌，這中間的牽連絕對不是巧合，而是致敬或寄意。借用巴特自己的話語，假如男性為了陽剛氣概而不能隨便哭泣，那是一種社會的壓抑，那麼，男同志的戀情、及其因眼淚而來的悲情，同樣也不輕易容許公開流露，這是二重的壓抑！然而，更有趣的是〈眼淚贊〉還有容祖兒一把女聲的高音演唱，她的「直女」形象為歌曲增添另一重異性戀的換喻，讓沒有看過巴特文本、或不在意男同志氣息的閱聽者，可以依據自己的方向將〈眼淚贊〉聽成一首普通的失戀情歌，至少在語意上沒有任何障礙，而這差異的關鍵在於我們有沒有掌握「文本互涉」帶來「性別互涉」（intersexuality）的脈絡，讓閱聽過程中男女二重的歌聲，以及「你我他她」的代名詞性別，自由往返和交叉換置。

## （4）反童話：〈賣火柴的女孩〉與安徒生

　　〈賣火柴的女孩〉由英皇娛樂的年輕歌手泳兒主唱，無論歌名還是歌曲內容，都來自丹麥童話作家安徒生（Hans Christian Andersen）有名的〈賣火柴的小女孩〉（The Little Match Girl）。原著講述下雪的黑暗晚上，是一年最後的一天，販賣火柴的窮家小女孩赤腳走在冰天雪地裏，四處找不到買火柴的人，擔憂回家受到父親責罵。最後她蹲縮坐在路邊房子的

暗角，手腳的極度冰冷混和無法回家的焦慮，使她從懷裏拿出一根火柴，劃過牆壁擦燃起來，火焰帶來短暫的溫暖，她看見自己坐在暖烘烘的火爐旁邊，但光影瞬間熄滅；於是她劃亮第二根火柴，身邊的牆壁突然變得透明，她看見長長的餐桌上擺放了美味的烤鵝，餐具銀光閃爍，香氣溢滿四周，但火柴熄滅後又回復原來的孤獨而冰冷的濕氣。她點燃第三根火柴，照見自己坐在一棵高大的聖誕樹下，上面掛滿七彩繽紛的裝飾，彷彿直向天空燃燒一樣，小女孩伸出雙手想去擁抱，火柴再次熄滅，天空卻落下一顆星星，還拉着長長的尾巴。小女孩想起死去的祖母說過，當星星隕落，便會有人死去，她很懷念疼愛自己的祖母，於是再劃出一根火柴。年老的祖母從光影中走來，明亮而光彩照人，小女孩拉着祖母要她帶走自己，而且為免祖母像火柴那樣瞬間熄滅消失，她把剩餘的火柴全部擦亮，最後溫柔而關愛的祖母帶着她離去，去沒有寒冷、飢餓和憂患的天國。冰冷的破曉時分，有人發現小女孩紅着臉、露出微笑的僵硬屍體，倒在一堆火柴枝中，她在迎來新年之前的一天給凍死路邊。安徒生的〈賣火柴的小女孩〉是悲劇故事，借虛實相間的設景，通過小女孩的幻覺批判世界，帶出三個主題：第一是貧富懸殊和人情冷漠的殘酷現實，年幼的女孩不但沒能吃飽穿暖，而且小小年紀便要負擔生計，最終死在嚴冬的戶外；第二是生活物質的匱乏，小女

孩三根火柴劃出的幻像，都關乎生活條件，包括溫暖的屋子、熱騰騰的食物和節日的慶典，原是基本的，卻又是奢望的；第三是童年的寂寞，小女孩的父親嚴酷，唯一愛護自己的祖母離逝，剩下她孤單一人跟現實作戰。

　　泳兒主唱的〈賣火柴的女孩〉，儘管源於安徒生的童話，卻完全逆反了原有故事的性質——首先，歌曲採取第一身視點，主角「我」跟「你」訴說一些心情，是接近抒情的體裁，而不是童話的客觀敘述。其次，謝杰作曲、Adam Lee 編曲合成的曲風非常輕快愉悅，走中板的節奏，完全沒有悲傷的調子。第三，泳兒的演唱聲音輕柔亮麗，帶着活潑跳脫的少女情懷。事實上，從歌詞的鋪展來看，雖然周耀輝借用了許多跟童話相關的意象，像「但瑟縮於雪霜／祇有一點光／祇有一點愛／誰分享」、「如落拓小孩／在市中賣／動人火柴／若然未照到華麗中央／點得起妄想」，但他由始至終沒有打算寫成一個悲哀的故事。相反的，他先將歌曲的場景設在現代的城市：「鬧市太多爭與搶」、「在圍城遇過卻沒法遇上」；然後又將劃火柴的舉動轉為擦亮愛情的追尋：「誰都漂亮／如正當一個希冀在燃亮／還要將一撮心意亦燃亮／我在途上／你在途上／各有各錯過美麗的晚上」。這樣的安排下，歌曲的主題變成一個少女遊蕩城市的愛情幻想，要為黑暗而寂寞的生活燃點愛的火花。

歌名叫做〈賣火柴的女孩〉，而不是童話的「小女孩」，一字之差牽連很大，徹底改變了故事主角原有的年齡身份和主題取向，歸根結柢，相信基於三項設定：第一是歌手泳兒的形象，歌曲為她度身訂造，她即使青春也沒有可能是小女孩，填詞人必須顧及演唱者的因素；第二，這不是兒歌，而是情歌，歌曲的內容圍繞都市愛情剎那邂逅的機遇，所以必須寫成一首少女歌曲；第三，青春歌手販賣的是年輕的市場策略，針對的消費者也是青少年的族群，讓他們／她們如何聽和聽到甚麼，是流行音樂體制裏重要的創作法則。周耀輝在《18变》的文案指出，過去曾經合作的歌手最年輕的祇有十五歲，他絕對可以當上她的爸爸，為她寫詞的關鍵在於「跨越」；而在另一個場合，談及以中年男性身份書寫青春少艾的歌詞，周耀輝再一次強調除了要「跨性別」外，也要「跨年紀」，他舉薛凱琪為例，說她是「甜姐兒」，所以要寫一些甜美的歌曲給她，才有〈糖不甩〉和〈白色戀人〉這些作品[12]。周耀輝的說話揭示了填詞人面對歌手的時候，必須作出選擇和自我跨越，不能說是妥協，但一首歌曲的基礎，從填詞人收到音樂和主唱者的剎那，其實已經定調了，例如〈華麗緣〉的歷盡風霜與穿透

---

[12] 周耀輝的訪問答話原是廣東話：「詞人除咗要跨性別，仲要跨年紀，好似寫薛凱琪，甜姐兒嚟㗎喎，咁我咪寫啲『甜嘢』男佢囉，所以咪有〈糖不甩〉、〈白色戀人〉呢啲歌囉！」，全文見東周刊人物專訪：〈如烈火紛飛的率性：周耀輝〉。

愛情虛妄，必須由中年歌手演繹才能駕馭。《18 变》裏面也收錄了泳兒另一首歌曲〈黛玉笑了〉，同是來自另一個文學文本的介入，但周耀輝同樣反其道而行之，將《紅樓夢》裏苦命悲情、一生落淚還淚的林黛玉形象逆轉，為泳兒寫成節奏輕鬆和語意灑脫的青春之歌：「不需要葬花／卻要微笑／哪個為舊人哭／太笨了」。可以說，基於泳兒的歌手本色形相，周耀輝在書寫歌詞之際必須為她考量而作出調整，逆反來說，這些調整也未嘗不可視為填詞人對原有文本的顛覆，也許他覺得現代社會早已沒有賣火柴小女孩那樣的悲劇，而林黛玉那些以淚還恩的悲情也不合時宜，所以才讓火柴劃出現代愛情的火花，同時讓黛玉笑了！至於閱聽者如何接收？絕對因人而異，例如〈黛玉笑了〉的確很風行，相關的評論和解讀也多，被認為是破格之作 [13]。對我來說，泳兒真的唱得好，嗓音甜美動聽，有一種可以將人帶入另一個境地的感染力量，然而，作為安徒生和《紅樓夢》的書迷，我還是認為原著的世道人心更複雜深厚，裏面依然長存一些恆久不變的人性批判和價值意義，變成輕淺的情歌之後，卻看不到嶄新的另類創造！當然，一首歌曲的容納有限，不能要求它涵蓋選用文本的所有層面，祇

---

[13] 評論〈黛玉笑了〉的文章，除了梁偉詩在《詞場》的分析（頁144-147）之外，也可以參考鄭敏的〈連林黛玉都識笑〉、陳藹琪的〈從〈黛玉笑了〉看周耀輝筆下蛻變的林黛玉〉等論述。

是，所謂創造，考驗的也許便是限制中的自我突破吧！相對來說，同屬於情歌類型，黃耀明與容祖兒的〈眼淚讚〉比泳兒〈賣火柴的女孩〉更有變化的深度，而葉蒨文的〈華麗緣〉卻又比〈眼淚讚〉能夠涵蓋更多想像和指涉的層面。

## 結　語

　　在《18 变》的歌詞文案中，周耀輝寫道：「寫歌詞至少有兩種意圖：一是搭橋，一是開門。搭橋，從這裏清楚看到彼岸的受眾，不管大家隔着甚麼，總要搭起大橋，直達那裏，最好能夠摸到對方的心。而門的意義在開啟，引人進入一個秘密，一個想像的空間，最好挑撥起心的層層次次。我好奇，因此比較多開門。」對他來說，似乎歌詞有兩種功能，第一是溝通的橋樑，在於明白、瞭解和心的感應；第二是想像的門戶，在於啟迪、開發和心的悸動。打從第一首作品〈愛在瘟疫蔓延時〉開始，周耀輝一直喜歡挪用古今中外的文學、哲學和神話的經典入詞，計有達明一派的〈天問〉、黃耀明的〈維納斯〉、莫文蔚的〈愛麗斯永遠住在這裏〉、陳慧琳的〈佛洛依德笑我〉、葉宇澄的〈達文西密碼〉、關智斌的〈我不懂張愛玲〉、何韻詩的〈堂吉訶德〉、吳浩康的〈百年孤寂〉，還有胡琳的〈畢加索〉、梁漢文的〈喜多郎〉、關心妍的〈白先勇〉與〈三毛流浪記〉，就是盧巧音一人便已經包攬〈佛洛依德愛上林夕〉、〈露西〉、〈女書〉和〈笛卡

兒的長生殿〉等歌曲。除了文學文本的涉入外，還有借用電影的〈恐怖分子〉、〈你那邊幾點〉和〈蘇麗珍〉，或引用《聖經》的〈萬福瑪利亞〉、〈月黑風高（所多瑪）〉、〈夏娃，夏娃〉、〈舌尖紋了瑪利亞〉等等，不能盡錄。這些經典文本的插入，各有不同的效應，但發現越是獨立的歌手，文本的轉化越恣意張揚而無所顧忌，能夠溢出邊界，游離不同的想像區域，產生豐盛多姿的閱聽情態。有時候是歌手的形象帶動了文本互涉複雜層次，文本之間洋洋灑灑的移形換影，勾動多元的遐思，像黃耀明的〈維納斯〉、麥浚龍的〈舌尖紋了瑪利亞〉、梅艷芳與陳慧琳合唱的〈夏娃，夏娃〉；有時候卻反過來，歌曲的文本互涉為歌手帶來清新、亮麗而叛逆的另類形貌，盧巧音上列的幾首歌曲很能展現這種魅力。正如托多洛夫引述巴赫汀所言，藝術創造的成敗，是單一的發聲還是複音的體系，取決於對原材料的尊重和克服，藝術家如何通過更生和使之完美的力量，讓自己和作品從語言系統中解放出來（67-68）。流行歌曲作為普及文化的類型，自有它必須依隨的體制，但如果能夠突破範式的限制，借助文本互涉的策略，植入多元的聲音，體認的便是填詞人駕馭文本、再造新義的本領，還有歌手經年累積素養而來的聲情表達，文本經由「詞」與「聲」的結合，便可以突破一些藩籬而走得更遠！

# 第6章

## 交通燈太鮮紅・玻璃窗太灰濛
### ——歌詞視覺化與音樂錄像的界面

　　當流行歌曲由閱聽變成觀看，會是怎樣的過程？隨着媒體科技的發展，自從有了音樂錄像之後，改變了流行音樂的發佈和接收方式。上世紀八十年代，歐美開始興起「音樂電視」（music television，簡稱MTV），原是為了推銷唱片，那時候這些短短幾分鐘的歌曲短片以廣告形態，出現廣大的電視頻道上，為電視和流行音樂工業帶來新興的經濟模式，歌曲從此被看見（The Song is Seen）（Berland，26）。「音樂電視」的普及和大受歡迎，開拓了流行音樂的發放渠道，在亞洲地區還迎來卡拉OK的熱潮，更加速這種媒體的市場需求，為了吸引更多消費者的注意、或迎合卡拉OK的點唱和演唱功能，香港的唱片公司投入更多資源和人才，積極製作成本和成效更高的音樂短片。所謂「音樂電視」，是將歌曲通過聲音與畫像的科技結合後，在電視媒體上播放，類近特約的廣告時段，

而有些電視台為了吸引年輕社群收看，甚至開闢專有頻道[1]。後來隨着互聯網的出現，加上電視頻道有太多製作條件和發佈尺度的限制（包括政治和性別的禁忌），「音樂電視」變成「音樂錄像」（music video，簡稱 MV），在不同網絡媒體的平台流播，其中以 YouTube 最廣為人知。於是，流行音樂的製作在唱片以外，也開始着重音樂錄像的拍攝，有時候不惜以鼎盛的陣容作為招徠手段，聘請有名的電影導演、美術指導和服裝設計一起操刀，務求提升歌曲的形象和視覺質素，從此 MV 成為流行音樂制式的一部分，不但獲得獎項的加持和肯定，而且一首歌曲有沒有錄像上映或上載，甚至成為這首歌曲的評價與流行程度的指標，一般來說，都是主打歌曲才有 MV 的製作和發行。此外，因互聯網的風行而帶來「個人媒體」（或稱自媒體 self-media）的程式，出現了許多自家製作、或二次創作的 MV，閱聽者根據個人喜好而為歌曲拍攝或剪接音樂短片上載，流通於特定的社群之間，自成一個一個的溝通和分享圈層，表述自己對音樂、時事或世界的看法。這裏無意詳細論述音樂電視或音樂錄像發展的歷史及其引發的媒介現象，但作為這本書最後的章節和「流行歌曲」最後的研究界面，有必要將歌曲從閱聽帶入觀看的剖析，當「聽歌」變成「看片」，

[1] 有關「音樂電視」在歐美的發展歷史和形態，可以參考 Jody Berland 的文章。

歌詞的意義如何延伸？當歌手由「聲演」走入「身演」，我們怎樣接收這些聲情形貌？一首歌由作曲、填詞、編曲到錄音或演唱，最後再到視像的拍攝，當中牽涉幾多層的創作或再創造？無可否認，一些優秀的 MV 的確能夠改變歌曲的內容與層次，同時突顯歌手的唱演能力與形象，我們在看一個 MV 的時候，到底在看甚麼或聽到甚麼？而音樂錄像既不是唱片，又不是電影，可以用甚麼方法深入分析而不會流失原有的媒介特性？一切從音樂錄像的理論開始。

## （1）音樂錄像的通感美學

美國媒體研究者安德魯‧古德溫（Andrew Goodwin）在他的〈影像音樂學〉（A Musicology of the Image）一文中，開宗明義便指出不能用電影理論來分析音樂錄像，儘管同是聲音和畫像的構成，但兩者之間的形態很不相同；基本上，音樂錄像由一首歌曲而來，是先有歌曲才能拍成短片，因此論述的角度應該着眼於視覺編碼到底如何闡明聲音（how visual codes illustrate its sounds，50）？古德溫從歌曲誕生的開始說起，作曲家和填詞人在起初的創作階段裏，其實已經將視覺元素考慮和置放其中，歌曲的書寫技法，不能脫離顏色（colors）、語調（tone）、光影（shades）和空間（space），或要設立故事的情景或情節；然後，歌曲錄製之後，無論唱片的封套和內頁，還有宣傳歌手的照片和形象，在在都充滿視覺元素。

其實，不同類型的音樂，從搖滾到重金屬，樂聲本身都充滿畫面，帶有許多視覺聯想，閱聽者是從聽覺的符號接收，進入腦袋後再化成視像來吸納，從而建構理解和記憶；「聽歌」本來就是一個外在符號撞擊內在情緒言說的過程，我們「耳」中聽到、「腦」裏看到，依隨個體的生活經驗和背景介入和轉化，聚合起來便匯成文化的景觀（51-52）[2]。古德溫的闡述十分清明透徹，完整地解釋了構成歌曲的視覺特性，是在拍成 MV 之前便已經存在和確認，樂句、樂章、歌詞和演奏的樂器，無不載滿不同形態的修辭學（rhetoric），這些修辭引動的是感官的刺激和連結，也就是腦中的視覺畫面！

　　古德溫的「影像音樂學」從人類的「通感」（或稱聯覺 synaesthesia）構築起來，那是一種個人「內在的進程」（intrapersonal process），感官的印象由一個轉移另一個，是聲音進入思維的眼睛（mind's eye）後，產生的畫面，猶如音樂錄像的製作，也是從聲軌建立視覺的聯想（50）。他將錄像文本的通感分成五個組成：第一是「步調」（tempo），用以決定 MV 的時性與速度，當中有三種表達器具——首先是鏡頭的

---

[2]　作者曾經在課堂上做實驗，播放二十首歌曲給學生聆聽，要求他們聽後在紙上寫下感受，結果大部分得來的結果都是視覺描寫，而且同類型歌曲引發的想像內容相似度很高，當中文化背景的異同也會有所影響，詳細記錄和說明，參考 Goodwin 的文章，頁 52-56。

運動（camera movement），主要由表演者的奔跑、跳舞或走路而驅動的，鏡頭跟着歌手或演員走，觀眾跟着鏡頭走；其次是剪接技術（editing techniques），提供了影片的步速，包括快鏡的使用，有時候依據鏡頭而來，有時候刻意跟聲軌產生矛盾以製造特殊效果；其三是「前電影事件的動態」（movement in the pro-filmic event），即是攝影機前包含的所有情境，就是演出者的表演情狀；最後是電腦效果（computerized effects），為畫框加添額外的處理，包括變換、剪斷和分屏（split screen），例如加快變換的速度致使視覺不清，從而誘發重複收看的需要和慾望，尤其是 MV 的目的就是必須不停播放來達到宣傳的效應，讓畫面充塞影像，讓速度配合音樂的步調，是 MV 的基本構成。錄像通感的第二個組成是「節奏」（rhythm），MV 的剪接通常依據音樂的重拍落刀，但也要視乎音樂拍子的類型及其變化。第三是編曲（arrangement），必須顧及嗓音、節奏及伴奏之間的平衡，通常都會突顯歌手的臉孔及其身體動作，來來回回的彈入彈出來營造影像的張力和律動。第四是「和聲的發展」（harmonic development），是一首歌曲由旋律到音階的變化，例如利用場景調度、鏡頭運動或樂器演奏等元素，來強調副歌部分（chorus）的視覺轉移。第五是歌詞（song lyrics），是音樂文本跟錄像畫面最後結合的元素，歌詞建構了歌曲的情緒，而情緒就是音色（timbre）和步調的比喻來源，那是說歌詞為錄

像提供比喻、意象和象徵等選材，例如會用黑白單色（monochrome）顯示荒涼、悲傷或已經逝去的境遇（60-66）。

　　古德溫上列的理論架構，圍繞「錄像文本的通感」（synaesthesia of video text）而來，集中視覺和聽覺的感官接收意識，同時也指向拍攝的技巧和手法，MV 之所以不是電影（儘管電影可以有 MV 的元素或風格），在於畫面的「音樂特性」及其主導關係，包括音樂的類型和內容，鏡頭、剪接和場景調度等，不能脫離節奏、拍子、速度和步調等考量，而且也是一個音樂錄像成敗的關鍵之一，很難想像一個會甩掉拍子或節奏凌亂的 MV 吧？！此外，舞蹈動作的編排、參與歌手和演出者的身體律動等，也是音樂錄像的組合部分，即使是不擅長跳舞的演唱者，他／她的步姿或坐臥動靜、跟鏡頭的走位關係等，全是拍攝 MV 時候必須顧及和預先設計的──從這裏出發，可以發現從「聽歌」變成「看片」之後，流行歌曲的確變換了許多形式，拍攝一個錄像不單能夠改變歌曲呈現的內容，而且錄像的收看也更改了我們認知的途徑，尤其是一些高度視覺化的畫面，更往往搶去了閱聽的注意力，主宰了我們的感官意識。當人類接收訊息是以視覺快於、也先於聽覺的時候[3]，音樂錄像帶給我們的是影像而不是字詞，在這種流動的機制下，影像不斷重疊，歌詞會退入最後的位置，而歌手（或明星演員）

和場景的聲色光影會在前景，於是為了瞭解歌曲（或歌詞）的內容，我們必須重複收看錄像，而這也是MV必須達到的效果！

## （2）王菲的移形換影：〈色盲〉

王菲的〈色盲〉（2001）是一首以感官書寫愛情的歌曲，無論歌詞還是音樂錄像都非常適合「通感文本」的分析。在閱聽的層面上，作曲和編曲的梁基爵沒有將音樂過度電子化，中板的節奏反而走輕快路線，配合王菲一把明亮而清澈的嗓音，唱來彷彿不費吹灰之力的從容自在。周耀輝的歌詞以「色盲」的生理視障比喻愛情，由於色覺辨認障礙的先天缺陷或後天病變，色盲者無法分辨紅色和綠色，或有畏光的恐懼，填詞人將這種狀況聯繫因愛情而來的盲目或目迷五色，無法看清真相，容易沉溺虛幻或進退兩難。基於「色盲」的喻體，整首歌曲佈滿顏色的意象，像「交通燈太鮮紅」、「玻璃窗太灰濛」，前者是色盲者最危險的視障，無法辨認紅路燈而身陷險境，由日常生活

---

³ 索緒爾（Saussure）曾經指出，符號分成「聽覺符指」（auditory signifier）與「視覺符指」（visual signifier），聽覺符指是直線傳遞，一句聽完才接收下一句，但視覺符指卻以多重組合和多重界面同時映現，人類腦部會盡量打開所有接收功能（39-40）；美國論者蘇珊‧桑塔（Susan Sontag）論述攝影學時候也特別說明，人類接收流動影像往往比文字更快、更清晰和持久，也更容易辨認，因為「記憶」是以影像做單位運行的，詳細論析見她的 *Regarding the Pain of Others* 第二章。

轉入愛情關係，同樣危機重重而身不由己；後者是色盲者看到的現實，總是灰濛濛一片，無法清晰而全面看到或看透的，不單是眼前的視野，同時也是愛情的前景：「和誰在愛中／仍然難刮目」、「而誰為我哭／天生這樣盲目」。「紅」與「灰」這兩種對比色，差不多籠罩整首歌曲的段落，成為感官的基調，例如「沿途在看着灰的灰濛／艷便艷紅／我急於找誰帶路」和「歸於灰與鮮紅／但你留戀七色的天國中」。這種由視覺障礙書寫愛情障礙的轉喻手法，正是借用「通感」的方式，引動閱聽者從身體、或具體的指涉，走入抽象的情緒與思維之中，由眼睛看不清楚、肉眼無法把捉，到心眼的迷亂與盲從，儘管努力追趕愛人，卻仍然原地踏步或跌跌撞撞的受傷。另外，我比較喜歡歌詞中兩句「矛盾修辭法」（oxymoron）：「想身邊的你看到似雪的晚上／像日的月亮」——所謂「矛盾修辭法」，是將兩種矛盾抵觸的元素結合一起，形成壓縮的「悖論」（paradox），以便撞擊類比的思維[4]。在這裏，周耀輝用白色的「雪」來形容黑色的晚上，以白天的「日」來指示夜裏的月亮，顏色和光影同時跨越和交融，形成相反的感官交錯，一併指向愛情違反自然的異常，以及其錯亂倒置的慾望。

[4] 有關「矛盾修辭法」的定義和解釋，可以參考 *Princeton Encyclopedia of Poetry and Poetics* 裏面有關 oxymoron 的條目，頁 595-596；作者引述了詩句 Summer in winter, day in night 來解説，剛巧也很呼應〈色盲〉的歌詞「似雪的晚上／像日的月亮」！

〈色盲〉的音樂錄像設置了兩個空間，一個是一身黑衣的歌手對着鏡頭演唱，另一個是銅鑼灣崇光百貨公司附近的鬧市街景，前者以中距離鏡頭接近靜止的拍攝，沒有佈景的背景上祇有歌手輕搖身軀的臉孔，後者卻在快速的剪接中加入慢鏡停格的畫面，穿着黑衣灰裙的王菲穿梭街道與人群。兩組鏡頭不斷交叉剪接，形成一快一慢的起伏節奏，快鏡顯示了城市生活與人際關係急速的流逝，很難抓住浮光掠影；歌手的大頭展示在於販賣形象，滿足喜歡和追隨王菲的歌迷，這也是音樂錄像慣常的處理。此外，歌詞裏那些充滿「通感」和對比強烈的視覺書寫，落入音樂錄像的拍攝後，被導演逆轉為單向的色彩，整個 MV 的鏡頭採用暗藍色配上類黑白的色調，非常符合色盲者的視覺狀態，尤其是開頭時候，王菲對着鏡頭演唱「交通燈太鮮紅／就算再等一千秒鐘」，臉孔給打上一層柔光，同時有紅光一下一下的閃動，呼應歌詞的顏色意象，但這些畫面稍縱即逝，接下來四分鐘的錄像裏，即使偶然有一些鮮艷的顏色，都是飛快的閃過，快得必須重複播放才能抓住視線。王菲單人走在熙來攘往的馬路上，保持她一貫的冷漠和滿不在乎的灑脫，同時也在演出歌詞的角色，一個為愛情患上色盲的女子，將那份奮不顧身卻又忐忑不安的浮躁壓在步姿上，一方面勇猛前進，卻又常常回頭搜索，然後再背向離去。選擇銅鑼灣的地段，鏡頭裏充斥名牌時裝店的櫥窗、往來的電車、閃亮的燈影、衣香鬢影的人

群，都是為了配合和加強王菲的時尚形象，相反的，導演不會選擇庶民或低下階層的地區或工廠大廈，因為這些城市空間跟歌手的形象格格不入！然而，即使這樣，整個 MV 祇有兩組相似的鏡頭不斷交叉出現，在敘述結構上仍不免過於單調和重複，相對而言，原有歌曲的層次比較豐富，歌詞的意象密集，視覺感官的色彩濃烈，唱在王菲帶點懶洋洋的嗓音裏，比較能夠引動想像的遐思。

## (3) 馮穎琪的城市空間：〈何地有方〉

2016 年香港新視野藝術節委約音樂錄像導演區雪兒、音樂人馮穎琪和填詞人周耀輝，聯同歌手林二汶和岑寧兒、演員黎玉清與馬沛詩、舞者禤天揚和廖展邦等合共超過四十人，合作跨媒體劇場《剎那的烏托邦》[5]，演出後灌錄同名大碟，收錄八首歌曲，部分單曲拍成 MV，其中一首〈何地有方〉由馮穎琪作曲和主唱、麥浚龍旁白和合唱[6]。歌曲〈何地有方〉比

---

[5]  跨媒體劇場《剎那的烏托邦》講述人的成長、記憶和理想的追尋，製作很龐大，可惜整個作品的場景調度失衡，結構散亂、意念浮淺，歌曲和演出之間無法有機的焊接，形成部分章節的聯繫突兀，創作團隊未能掌握「舞台」的表演形式（尤其是空間的運用、舞蹈和戲劇的特性）。限於篇幅和命題，這裏無意討論舞台演出，相關評論可以參看張小綠的〈不必為了求新而求新：觀《剎那的烏托邦》有感〉。

[6]  無論是演唱還是敘事脈絡，舞台上和唱片裏的〈何地有方〉並不相同，這裏祇依從唱片的版本、及以其為藍本拍成的 MV 出發分析，而不涉及舞台演出。

較簡單，以特定的句式刻劃急速的城市裏，哪裏尋找暫作歇息或安身立命的地方，歌詞中標出「在但求美麗的我城」、「被別人撇下的我們」，指向熱愛香港、卻浮游無根的一代，而「很想開心的開心曬萬年陽光 / 很想安心的安心拆掉霓虹 / 築萬里的帳幕」，則顯示了城裏人很想隨心的生活和建設。音樂是抒情的中慢板節奏，由小提琴、中提琴和大提琴合奏一種柔和而緩緩流動的韻味，有時候混合一些仿若心跳的拍子，給閱聽者帶來舒緩和安撫情緒的質感；而馮穎琪一把飄逸而帶點薄脆的嗓音，滑動一些呼吸的氣聲，產生了類近催眠的魔力，衍生聲音治療的效果。至於麥浚龍的加入，主要是演唱和合唱歌曲的下半部分，他那把非常迴旋的嗓音和高音，為整首歌曲帶入了豐厚的撞擊，尤其是當男聲和女聲疊合一起的時候，營造了回音壁的幻聽，回音在耳內旋動飛翔，延長了聲音帶來的想像意境。

〈何地有方〉的音樂錄像拍來充滿本土意識的關懷，提升了歌詞原本比較單薄的內容，而且因應畫面的敘述需要，導演也在呈現原有歌詞的視聽以外，加入一段新的字幕、一段新的旁白。首先，MV 的鏡頭全部由香港的照片構成，根據字幕說明，這些照片由「不同地方的朋友傳來」，導演收集後形構和鋪滿整個錄像的畫面[7]，運用影像重疊、橫移（pan）、淡入淡出（fade-in & fade-out）等技法，配合音樂節奏的

需求而組織照片映現的速度。其次，MV 的敘述結構根據演唱者的分工，分成前中後三個部分：前半部分是馮穎琪的歌聲，單一畫框（single frame）的照片採取黑白色調；中間部分是麥浚龍的旁白，採用複式畫框（multiple frames）的界面切割，每個畫面出現三至四幀照片，旁白的文字穿梭其間；後半部分的聲軌是麥浚龍及他和馮穎琪的合唱，照片由黑白轉為彩色。其三，儘管演唱的歌詞沒有分別，但兩個部分的照片內容略有不同，前半部分主要是香港城市的樓房、街道、人群和公共運輸的馬路，中間旁白出現的是大自然的山光水影、日出日落、花草植物、飛鳥和樹木，漸漸轉入現代高樓、架空電線杆、遊樂場等景致；後半部分全是日常民生，像地鐵車廂的人臉、街市附近的民眾、坐在碼頭前面的老人、咖啡店的內景、公共屋邨的遠鏡，甚至還有家中的浴缸。三組照片的鏡頭，從黑白到彩色，共同構成香港的城市地貌和群眾生活，黑白色調的部分營造了記憶的氛圍，顯示個體對生活和成長的地方總有自己特殊的念記，彩色部分則強調了城市的現時和將來，是正在發生和即將發展的可能，而能全面架起整個 MV 這些強烈的本土意識，其實來自中間部分麥浚龍的廣東話旁白：

7　音樂錄像開場的字幕：「感謝來自不同地方的朋友傳來他們的照片，得以完成我們剎那的烏托邦〈何地有方〉Lyrics Video。」見〈https://www.youtube.com/watch?v=xehlxUXy9Lw〉。

喺太古廣場門外

喺時代廣場樓下嘅空地

喺屯門市廣場平台花園嘅一張長櫈

喺青衣廣場對開嘅行人天橋

喺信和廣場嘅一個街角

喺電氣道嘅 17 平方米空間

喺嘉湖山莊嘅龍園韆鞦架

喺觀塘地鐵站連接 APM 嘅天橋

喺南昌站嘅行人隧道

喺新城市廣場嘅花園平台

喺歌連臣角嘅花園

喺跑馬地馬場對面嘅花園……

當麥浚龍用輕柔而快慢有致的節奏唸讀這些旁白的時候，畫面便不停切割和換置不同的照片，旁白的句式很整齊，不斷重複的第一個廣東話字詞「喺」是「在」的意思，強調了一種當下存在的時性，而接連「喺」字後面的，是香港各個地區和街道的所在，從港島、九龍到新界的商場、行人天橋、空地、屋邨、隧道和花園，一直延綿無盡，聲音去到後面已經疊印一起，形成模糊不清的閱聽狀態。旁白的字句沒有「代名詞」（pronoun）的你我他她，到底是誰「喺太古廣場門外」或「喺時代廣場樓下嘅空地」？沒有固定的答案，完全由閱聽者自行代入或補上，加強了觀照的認同感。由是在聲音和畫面雙重

的交錯下，麥浚龍這些旁白帶給閱聽者許多回憶和聯想，尤其是照片本身已經是一種記錄過去的工具或媒介，利用照片的排列、讀出香港的所在地，無論視覺還是聽覺，都交疊起多重通感的撞擊。因此，難怪音樂錄像上載後，有人在 YouTube 上玩「接龍遊戲」，為旁白做後續，寫上「喺南山冰室外面嘅大樹下」、「喺太古廣場三座前面，皇后大道東上的公車亭」。[8] 此外，2019 年反修例運動後，亦有閱聽者將這個音樂錄像呈示的畫面，讀成詰問香港文化身份的去向，有署名 Albert Hiuka Fok 的閱聽者在臉書上留言：

> YouTube MV 裏面一張張關於香港的照片都讓我很感觸。彷彿心底渴望的地方，不止是四四方方的蝸居。物理空間、時間、和人們心裏、意識裏的「空間」在歌裏都融合起來了：為「上車」勞心勞力的人在問「何地有方」，邊緣人士在問何地有方，被輕視卻又恃才傲物的藝術人士可以問「何地有方」，近年來飽受誤解和壓迫的年輕人也問「何地有方」，社會對我們有期望⋯⋯但社會似乎沒有讓我們說出我們期待甚麼的「地方」，因為「或有哪一個會問我？」「請世界問我」，因為其實當你問我，

| 8 來源同註 7。

我只會告訴你我「想要曬萬年陽光」,「想要看途人走過」,「想要安心築帳幕」。[9]

Albert Hiuka Fok 的閱聽內容很有意義,他是從音樂錄像畫面和聲軌折射的符號,作出當世的詮釋,連結這個城市最貼近發生的社會抗爭事件,並且推而廣之,為不同階層的香港人提問生於斯、長於斯的困頓;他從歌題「何地有方」出發,控訴現實難以棲身和寄身的苦況,營營役役的生計磨蝕了生存的空間和意志,而民主被逐漸扼殺的環境,也令弱勢的聲音不被聽見,而他微小的願望就是歌詞所寫那樣:「想要曬萬年陽光」和「想要安心築帳幕」,在香港建立屬於自己的日常居所和歸屬感!可以說,音樂錄像〈何地有方〉釋出比原有歌詞更廣闊的思考和深刻的議題,個人認為歸功於兩個元素,第一是畫面的照片合成,將香港的實地空間映現眼前,而且化空間為地方、化抽象的記憶為具象的畫面;第二是中段麥浚龍的旁白,以人聲宣示這些地方的存在感,一個一個的名字銘刻了地方的特性或功能,無論廣場、花園還是平台、天橋和隧道,都是盛載了人、或接連了人的物理空間。這是一個低成本、高效能的 MV,祗借用現成的照片,不賣歌手的形象,卻以「香港」作為主角,記錄一座城市的身世!

[9] 資料來自周耀輝的臉書:〈https://www.facebook.com/yiufai.chow.3/posts/2856117394425603〉,2020 年 5 月 4 日。

## （4）at 17 的女女纏綣：〈18〉

　　由盧凱彤和林二汶組成的 at 17 在 2002 年出道，
2017 年推出歌曲〈18〉，無論是歌詞還是音樂錄像都
充滿象徵意義，尤其是在 2018 年盧凱彤自殺身亡之
後，錄像的畫面竟然牽引「預言」的震撼遐想！〈18〉
走 at 17 一貫的電子民謠風，鋼琴、結他和箱鼓合成
中板的節奏，主題關乎成長，歌詞的開首以自問自答
的方式，表達青春的疑惑，包括做甚麼事？走甚麼
路？哼唱甚麼話？答案是正面的自我肯定，強調自己
創造，然後打出主題句子「喜歡無意中發育／等於無
意中發夢」，「發育」和「發夢」在樂句上諧協，同時
也是這首歌的題旨，指向身體的成長和理想的追尋，
構成青春無悔的故事。此外，填詞人也借用「18」這
個數字，鋪排了許多表面無關、內裏牽連的意象，包
括「親過一畫經已十八天」、「初雪一降經已十八月」、
「孔雀一對竟有十八雙」、「色相一塊竟有十八面」、「蚯
蚓一轉經已十八街」、「身世一揭經已十八頁」、「歌唱
一次竟有十八億」、「天意一算竟有十八段」，圍繞時
間、季節、身體、容顏、生命和自然等命題，儘管也
拉開了「成長」的維度，但非常工整統一的句式仍難
免重複單調的毛病，讓歌曲無法深層推進，單憑閱聽
便容易產生沉悶凝滯的問題。

　　〈18〉的歌名和歌詞因應「at 17」的組合名稱而
來 [10]，數字的遞增代表了年齡的跨前，由「17」到

「18」，既長大了（一歲）卻又沒有長大太多，仍是青春年少的生命形態。這個意念在音樂錄像的畫面調度上，比原有歌詞有更大膽深刻的挖掘，導演余靜萍讓二女裸露演出，直接翻開女性（或女體）的成長思考。林二汶在錄像訪問中曾經指出，唱〈18〉的時候已經過了三十歲，而不是十八歲的年華，已經不是以前那種潔淨的時候，但又沒有長得很大，她們是以「十八」作為一條象徵界線和紀念，表示以後要為自己負責、要做自己想做的事情；至於 MV 採用全裸拍攝，是要表達身體變化的重要，以及學習如何愛惜自己的身體，因為接受自己的身體也是一種長大必經的過程[11]。林二汶清晰的說出了音樂錄像的主題和取向，同時也解釋了「裸體」之必要——整個錄像採取黑白色調拍攝，有一種回顧經歷的況味，敘述畫面分成兩個部分，前後的影像一致，祇是用了「倒帶」（rewind）的方式回流過去，重複播放一次。錄像的開首以「分裂屏幕」

[10] at 17 是「人山人海」旗下的第一支組合，在偶然機會下林二汶的歌聲獲得黃耀明賞識並邀往試音，林二汶同時推薦好友兼音樂伙伴盧凱彤一起前往，結果一拍即合，在 2002 年 1 月 1 日正式簽約。林二汶的偶像是結他女歌手 Janis Ian，其中一首有名的歌曲就叫做〈at 17〉，描述一個女孩無法融入圈子的成長故事，於是用來命名組合的名字。詳細記錄除了媒體報道外，也可以參考人山人海的官方網站〈 http://www.peoplemountainpeoplesea.com/profile_at17001.htm 〉。

[11] 林二汶的解說，見錄像〈【玉帛相見】at17 全裸上陣拍 MV 由盧凱彤太太余靜萍親自操刀〉，2017 年 11 月 21 日，〈https://www.youtube.com/watch?v=x-4tl_D8w44〉。

（split screen）再現「兩生花」的意念，銀幕分成上下兩個長方形，盧凱彤在上面、林二汶在下面，二人身穿黑衣衣裙，在酒店房間白色的大床和枕頭、灰色的牆壁之間躺臥或坐立，讓觀眾捕捉一對好朋友、好姊妹那份相濡以沫的情誼。接着鏡頭打出數字「6」，一隻手掌拿着一隻白色的乳齒，象徵了兒童階段第一次身體的變異，這些段落的背景音樂一直是輕柔的鋼琴前奏，營造歲月流轉的氣息，輕快的調子帶來愉悅的聽覺。歌手的聲音出現後，有盧凱彤半身跨出窗外、雙腳離地搖晃的動作，還有林二汶坐在地上按動地燈一閃一閃的明滅光影，然後又在深灰的牆壁把玩手影，這些全是非常孩童的遊戲，顯示二女的童真稚趣。畫面出現數字「13」之後，畫框被切割成一格一格仿似流動的菲林，鏡頭下是一隻一隻塗上指甲油的手、抹上唇膏的嘴，而歌詞剛好來到「孔雀一對竟有十八雙（情緒無方向）/ 色相一塊竟有十八面（言語才有意）」，顯示女性成年後對外相的關注和儀容的打扮，「13」應該就是這個年齡的分水嶺！

音樂錄像的中段是二女的裸體演出，身體仍是黑白二色，但背景換上了粉橙色，帶出青春的明麗，說是「裸體」其實沒有裸露，二人除了用雙手遮蔽了重要部位以外，導演也調校鏡頭遷就，不是集中背部，便是以短速的近鏡（close-up）局部呈現肢體，像手、腳、頸、頭、背和腰，剪接而成不完整的身體圖像，

當中二人身上的紋身也成了凝視的焦點，這是自行為身體加上的印記，也是符號的神秘地帶，這樣讓觀眾參與了偷窺的行動，從錄像窺視女體，但當二女面向鏡頭盯着觀眾的時候，散發的自信和坦蕩磊落，卻又反擊了我們的凝視，形成錯綜複雜的「看」與「被看」關連——她們（或女體）是被看的客體，鏡頭前彷彿身不由己，但如果身體是她們自主的，這種「被看」也是一種自我的展現；另一方面，觀眾是收看的主體，我們站在主宰的方位，窺看他人或他者的身體，但當這個他者的客體以凝望反擊我們，我們也不能避免被納入對方預設的視線之內，權力位置由是逆轉！錄像去到兩分十四秒的時候，導演用電腦動畫的後期製作，將一雙白色的蝴蝶翅膀掛在二女的背上，張開震動的雙翼，暗喻了蛻變的能量。接着餘下的歌曲部分，鏡頭從後倒流回去最初的畫面，卻特意採用快鏡的效果一格一格的重複，彷彿記憶快速搜畫的狀態。

　　觀看〈18〉的音樂錄像比單單閱聽歌曲得來更豐盈的內容，事實上，無論是音樂還是歌詞，〈18〉都不屬於「入耳」的歌曲，有樂迷在網上留言說配上了 MV 後，讓歌曲「更加迷人」[12]。作為女同志的組合，〈18〉的音樂錄像浮映更多關於性取向小眾或多元情慾的議

---

[12] 見 YouTube〈at17 - 18（Official Music Video）〉下面的留言，〈https://www.youtube.com/watch?v=zqm5azKS-8c〉。

題，酒店的床、兩生花的形象、女體的游動等，都寄寓了女同身份的宣示和明證，而且是青春無悔的意境，很單純的愛與被愛，直面身體和情慾的需要，肯定那份一路成長過來的選擇，尤其是歌詞中的一句「靈魂直至骨肉」，由黃耀明、于逸堯、蔡德才和周耀輝友情客串和唱，林二汶解釋說是紀念他們四人對 at 17 的栽培和扶助[13]，但四人的男聲卻拉開了性別的維度，連結了普世的性別平權意識。此外，導演余靜萍是盧凱彤的同婚伴侶，這個音樂錄像為她留下了聲音情貌，2018 年患上情緒病的盧凱彤跳樓自殺身亡，結束了三十二年的生命，錄像的音容成為她離世前難得的熒幕留影，影片中她將上半身跨出窗台，雙腳離地擺動，彷彿一個預言的畫面，讓人睹之不忍、看罷心酸！

## 結 語

　　古德溫說「聽歌」是一種文化記憶的累積，形成「通感」的意識，一個人聽得越多、活過的歲月越長，越能累積豐富的體驗，這些記憶符號包括歌曲與成長的時代關連、音樂和歌詞本身帶有的意象和比喻、歌手或音樂人的形象、閱聽者生活的地域和國族想像等等，這些元素早已存在歌曲創作和接受的狀態之中，許多時候也是流行音樂售賣的憑藉；落

----

| [13] 同註 10。

入音樂錄像的製作和觀看，我們便不能不在意這些材料如何被整合、框架和類像化（56-57）。音樂錄像研究的目的有三：第一是為了建立拆解方法，找出視覺、音樂與歌詞之間的緊密聯繫；第二是確立音樂錄像的主體，使它從商業宣傳的窠臼中解脫出來，成為一門獨立的藝術形式；第三是確認和解讀 MV 帶來愉悅的視覺快感（visual pleasure），觀看重點不在於畫面的敘述，而是在於音樂如何被視像化（visualized）、視像又怎樣被音樂化（musiced），聽覺快感和視覺快感是兩種截然不同的經驗，而在觀看 MV 的過程上，往往是視覺超越聽覺的，於是我們必須拓展分析的界面，發掘流行音樂在商業買賣的軌跡以外，連結因應觀照者的閱聽、轉化和提升而來的文化意境和現象（70）。古德溫的總結很能說明這個篇章的意義，類像的世界裏到處充斥畫面，我們可能會「看歌」多於「聽歌」，而在個人媒體膨脹的世代，單曲的推銷也常常以官方預告片（official trailer）或官方音樂錄像（official music video）作為招徠手段，隨着手機、i-Pad 或手提電腦的下載界面，我們隨處都可以「觀看歌曲」，而短短幾分鐘的音樂錄像更切合時間破碎、節奏急速的城市生活需要。

當然，不是每首歌曲都能夠「視像化」，端賴音樂、歌詞和編曲能夠提供幾多再造的可能，曲式、字詞、樂聲、歌手演繹的嗓音和意態，都能主宰一首歌

曲的可塑程度，而導演、攝影師、燈光師、剪接師和排舞師，甚至美術和服裝設計及後期製作等，都大大主導了一個錄像的風格、內容和形式。有些歌曲是無法視像化的，畢竟文字和影像是兩種不同的東西，彼此不是一對一的轉換關係，有些語感、意境祇能寄存文字的傳遞，而無法訴諸於畫面的代言，勉強去做可能變成畫虎不成或畫蛇添足，除非導演有非常高超的技藝，能夠掌握、克服並超越文字的挑戰。王菲的〈色盲〉是一首相當難於轉成畫面的歌曲，因為歌詞的意象濃烈，意象之間又緊密的互相指涉，形成密度很高的文字質感，沒有直接將愛情的狀態說白，卻以「色盲」作為隱喻而意在言外，王菲的嗓音向來充滿空靈的質感，彷彿能夠帶着字詞飛翔，聽在耳裏讓人的意識飄走很遠；然而，〈色盲〉的 MV 沒有保留文字和嗓音原有的廣闊空間，卻以複沓的鏡頭抵消了密集的意象聲情！拍得不好的 MV 會破壞歌曲原有的設置，觀眾可能選擇聽歌而不看片，相反的，拍得優秀的音樂錄像卻能給予歌曲第二生命、或再生能量，尤其是一些旋律和歌詞都傾向簡單的作品，可以借助錄像的特有條件逆轉形勢，有些導演懂得另闢蹊徑，為原有的歌曲加入新的創造，例如〈何地有方〉，麥浚龍的旁白是一種言說行動（speech-act），拉開了歌詞原有的細小格局，由單純「我」或「我們」的自述，拓展而成一個城市的命題。另外還有〈18〉，對我來說是「看」的層面高於「聽」的層面，文字略嫌平板，未能帶出

女性身體各式矛盾糾纏的變化，或女子和女子在成長階段和日常相處的張力或壓力，但余靜萍的 MV 卻先將空間聚焦，以密封的房間及其器具（像枕頭、牆壁、窗框、地燈），變換新的喻體，承載女女的情慾與身體意念，兩個女子同處一個地方，儘管有許多互動或親密的畫面，但依然各有心事也各有孤獨，比歌詞訴說「祇要繼續／願我幸福」複雜多了！這裏牽出一個議題，一個 MV 的成敗，有時候也取決於演出者，盧凱彤和林二汶各有不同的體態、臉相和氣質（我們可以在局部呈示肢體的鏡頭裏分辨誰是誰），鏡頭前演出自己的本色風格，配合她們早已存放日常媒體的形象，青春、才華、我行我素，不介意世俗觀念（無論是性向還是體形），更容易吸引觀眾的視線，長得肥胖的、取向同性的或患上情緒病的，都能在錄像畫面上那些揮灑自如的自信，獲得安慰與共鳴！

誠然，最理想的境界是歌曲與 MV 都能各自各精彩，然後一起二分天下，但正如古德溫強調，是先有歌曲才有錄像，錄像從歌曲而來，所以必先創作一首曲、詞、編皆優秀的歌曲，然後遇上編、導、演都上乘的錄像團隊，才能締造經典。經典的音樂錄像本身就是一項藝術，像美國 Michael Jackson 的〈Thriller〉和〈Smooth Criminal〉、Madonna 的〈Like a Prayer〉和〈Express Yourself〉，以及 Lady Gaga 的〈Telephone〉，一看再看，超越時代和地域而有層出不窮的詮釋。如

果要問香港可有這樣堪稱媲美的作品，我的答案會是張國榮和梅艷芳主唱的〈芳華絕代〉，以及由張國榮導演、張叔平剪接的 MV，而這又將會是下一個題外話了 [14]！

---

[14] 除了這裏，本書的第一、二章也有音樂錄像和演唱會舞台的分析，包括張叔平早年導演，很有 cult 片風格的〈忘記他是她〉，都是圍繞周耀輝的歌詞而來。

# 獨角獸的彳亍

## （1）隨身聽的成長與城市

　　四歲開始接觸音樂，是為了給帶上 TVB 的兒童節目表演，升上小學之後，跟香港的電視劇和主題曲一起努力成長，刻苦學習口琴和簡譜，祇是為了吹奏〈上海灘〉和〈小李飛刀〉。中學的生涯裏，突如其來的青春期爆發失戀狂潮，遇上跳舞很帥氣的張國榮，連傷痛都跌得淒美；大學時期城市陷入「九七」問題的歷史大限，課堂不能解答的疑難，在達明一派的歌曲裏找到共鳴。後來留學美國四年，或因為學習和工作而流轉世界不同的地方，無論在洛杉磯還是聖地牙哥，從台北到上海或北京，甚至走在巴黎的凱旋門或法蘭克福的花園，包圍在眾多異國的語言中，「隨身聽」的耳機總載滿不同類型的廣東歌，儘管「隨身聽」由 walkman、discman 變成了 MP3，但活在香港流行音樂的感情歲月祇有增添，而沒有改變！祇懂演奏簡單

樂器的我不會作曲，文學出身、會寫詩卻不會填詞，沒有豐厚的聲底和音域所以也不擅長唱歌，「聽歌」，除了娛樂，或自娛（通常都是獨自一人收聽），便是理解世界的一種方式。愛情或勵志的歌曲很私密，能夠安撫哀慟的激情，政治和社會的音樂充滿控訴和反抗，彌補了現實那些殘缺不全兼且無法動彈的處境。

　　大學時期選修台灣現代詩的課程，林夕是助教，我是學生，1986 年一起合作編輯和出版詩刊《九分壹》，一邊為瑣碎的事務爭吵，一邊聽他細說填詞的故事。若干年後在林夕的演講會上認識了周耀輝，一個填詞人牽引另一個填詞人的緣份，歌音詞韻隨着流逝的風聲與陽光翻飛……回去阿姆斯特丹後的周耀輝，越洋為我的小說集《炭燒的城》寫了超出字數的推薦語，眨眼間他又回來了，連同張美君組成「我們仨」，一起演講和吃喝玩樂。2014 年雨傘運動，跟他和學生坐在金鐘的馬路上，然後 2015 年張美君逝世，我們的城市逐漸陷落。偶爾跟着周耀輝走場，參加一些演唱會和論壇，遇見了黃耀明，少年時期晃蕩耳機的一把聲音，剎那化成一個具體的人顯現眼前，轉過身去還有劉以達，那些迷幻的電子樂音來自他的腦袋和彈奏的手。凝看作曲的劉以達、填詞的周耀輝、演唱的黃耀明圍在身前身後，空氣裏散射一種魔幻的靈光，我開始思考聽歌的歷程（那是時性的），或聽歌的狀態（那是空間的）。2015 年朱耀偉找我寫「香港

詞人」系列，我便知道這不會是一本純粹歌詞分析的書，因為我「聽歌」、周耀輝「填詞」，從來都不是單純的經驗，既夾雜流行音樂製作的流程，也交織閱聽人不斷蛻變的文化背景。

## （2）一切故事在遊蕩

在麥浚龍主唱的〈彳亍〉中，周耀輝描畫生命來到人世走一趟的景觀，沿路有天地山海的風光，漫步行走又走走停停，總遇上無數外在碰撞與內在漩渦，在看天、看地、看人之間如何看自己，那就是經歷，而經歷就是留下痕跡：「很想抱月光／很想鑽漩渦／可否跟我沿着甚麼邊走邊看藏着甚麼／方知一切故事在遊蕩／很想到無邊搜索／然後與歲月摔角」。如果說「彳亍」是一種生活行走的姿態，在歲月的流逝裏左右踏步，在十方無量無邊之中求索，那麼，這些行走總留下步印，明證活過的高低起跌，而文字的書寫（或評論），同樣也是一種「彳亍」。這本書從政治、愛情、身體、聲音、文學和影像等六個角度論述流行音樂，借助文化研究的方法，融合政治、性別、閱聽和美學的理論，寫出自己和一些「眾人」怎樣聽歌，在城市急速遞變的時間和空間裏，這些歌曲銘刻的感官與情緒，關乎文化身份的，也關乎自我的成長，而在大眾和小我之間，寫下的恐怕是小我多於大眾了！儘管「評論」總有宏觀的大脈絡，但書寫的仍然祇是一個人，眾人如何閱聽「周耀輝的音樂群像」，最終

還是歸於我的選擇！我不知道這本書對於被論述的音樂人有甚麼意義，也無法預測它對讀者有沒有啟發或影響，但有一件事情很清楚：2020 年的 4 至 7 月間，我寫了一本書，一本寫在瘟疫變異、城市板盪不安的書！

## （3）給世上搖搖欲墜的我

　　黃耀明有一首非主打、而且非常隱僻的歌叫做〈給你〉，根據《18 变》的文案，原曲來自法國作曲家 Marguerite，英文版是 Hymn to Love，周耀輝依舊寫成情歌，卻以「獨角獸」作為喻體，寄寓一種尋找的情狀：「找每滴仍然未冷的血／找一撮仍然未降的雪／就算多怪誕卻完美／多彎曲卻想找你」、「給世上搖搖欲墜的我／給一切明明是對的錯……找每段仍然在畫的線／找一塊仍然在退的臉」、「因渴望成為獨角的獸／因相信成為萬國的咒」。歌曲裏的「獨角獸」大概是為世所不容的異端者，怪誕但漂亮，生活於各樣矛盾的處境中，在生死愛慾之間永劫回歸。我一直很喜歡這首歌的旋律、字詞和嗓音，有一種唱到地老天荒矢志不渝的陷落，而「獨角獸」也讓我想起了日本村上春樹的奇幻小說《世界末日與冷酷異境》。小說裏的「獨角獸」是隨季節變更的獸類動物，春天有黑色、茶褐色、白色和紅色的短毛，秋天來臨時卻變成金色，額頭正中長出一隻白色的長角，配以藍色的眼睛；獨角獸死後變成骨頭，會收納圖書館內，因為牠的顱

骨記載了「古夢」——遠古的夢！這是村上非常淒美而詩意的隱喻，「獨角獸」是關乎人的意識和記憶的收藏，當世界消失或到了末日盡頭，祇要保留了這個頭骨，便留住了過去時間和空間曾經發生的事情。我不知道填詞人有沒有受到這本小說的啟發和影響，而我總以為周耀輝跟他眾多的音樂人都是獨角獸，數十年來用不同的歌曲為城市保存了記憶和意識。然而，當我完成這本書最後一個章節的時候，才發現「獨角獸」其實不是周耀輝，而是我自己！我的文字以解構的姿勢，記錄了閱聽和觀看香港流行音樂的一小塊版圖，從香港的盛世到亂世，回顧一個人跟一些眾生走走停停的腳步，彳亍觀看城市與人性的風火雷電。

《獨角獸的彳亍：周耀輝的音樂群像》（*The Solitary Walk of Unicorn: Musical Portraits of Chow Yiu Fai*）是我第一本、也是最後一本流行音樂研究的專書，以前從來沒有這樣寫過，以後也不會再做，遇上喜歡的歌曲或舞台演出，或許仍會寫一點散打的短章，但不會再鑽研長篇的學術論文了。一代有一代聽歌的風景，上一代的有人寫了，而我也寫了，餘下的就留給新世代吧！

2020 年 7 月

# 引用書目

## (1) 中文書目

Ben：〈Sound: 聲聲作樂〉，香港：《Jet》，33 期，
2005 年 5 月，頁 41-43。

Ernus 訪問：〈從來是異類：周耀輝〉，香港：《Jet
Magazine》，203 期，2019 年 7 月，頁 110-115。

Iemi：〈麥浚龍的虛幻與董折的真實〉，香港：《號
外》，507 期，2018 年 12 月，頁 46-55。

Kidulty：〈麥浚龍，從街頭潮流到自成一派〉，香
港：《Overdope》，2015 年 5 月 9 日，〈https://
overdope.com/archives/249038〉，2020 年 5 月 4
日。

Newsroom：〈麥浚龍歷年造型進化史〉，香港：《頭
條 Pop News》，2016 年 4 月 17 日，〈http://www.
popnews.hk/?p=1556〉，2020 年 5 月 4 日。

Stan：〈林夕與周耀輝共舞〉，香港：《Hyperbeast》，
2016 年 3 月 11 日，〈https://hypebeast.com/
zh/2016/3/juno-mak-evil-is-a-point-of-view〉，
2018 年 12 月 1 日。

YK：〈反洗腦國教運動〉，香港：《獨立媒體》，
2012 年 9 月 20 日，〈https://www.inmediahk.net/
nobrainwash〉，2020 年 5 月 4 日。

于逸堯：《香港好聲音》，香港：三聯書店，2013 年。

田中小百合：〈Evil is a Point of View〉，香港：
《立場新聞》，2016 年 9 月 12 日，〈https://www.
thestandnews.com/culture/evil-is-a-point-of-
view/〉，2019 年 7 月 4 日。

白琳：〈填詞人周耀輝：有燭光有希望〉，香港：《蘋果日報》，2012 年 5 月 31 日，版 A8。

朱曉玢：〈黃耀明 X 周耀輝：談 It's My Party〉，香港：《港文集》，2012 年 5 月 3 日，〈http://hktext.blogspot.com/2012/05/x-its-my-party_2.html〉，2020 年 6 月 16 日。

朱耀偉：《香港流行歌詞研究：70 年代中期至 90 年代中期》，香港：三聯書店，1998 年。

——〈後九七香港粵語流行歌詞概說〉，馮應謙編：《歌潮・汐韻：香港粵語流行曲的發展》，香港：次文化堂，2009 年，頁 87-154。

——〈周耀輝〉，黃志華、朱耀偉、梁偉詩合著：《詞家有道：香港十九詞人訪談錄》，香港：匯智出版有限公司，2016 年，頁 168-187。

江離：〈分析周耀輝的愛彌留〉，《江離一詞鑒》臉書專頁，2015 年 3 月 19 日，〈https://www.facebook.com/8034702030023732/posts/817266024977483/〉，2020 年 6 月 22 日。

吳亦賦：〈不同詞人的《華麗緣》〉，《香港歌詞研究小組》，2012 年 4 月 20 日，〈http://cantonpopblog.blogspot.com/2012/04/blog-post_6317.html〉，2020 年 7 月 3 日。

村上春樹：《世界末日與冷酷異境》，賴明珠譯，台北：時報文化，2010 年。

和合本—新國際版：《中英聖經 Chinese English Bible》，Berkeley: Hymnody & Bible House, 1990。

東周刊人物專訪：〈如烈火紛飛的率性：周耀輝〉，轉載於香港：《進修生活》，114 期，2012 年 6-7 月，頁 18-20。

周耀輝：〈十八変：從聽歌到寫詞、從消費到生產、從理論到實踐看我（們）的變化與變遷〉，馮應謙編：《歌潮・汐韻：香港粵語流行曲的發展》，香港：次文化堂，2009 年，頁 154-170。

林茵：〈明哥要如何愛下去〉，香港：《明報》「星期日生活」，2012 年 8 月 5 日，版 01。

林通賢：〈深宵回味心跳加速　擋不住的意識誘惑〉，香港：《香港 01》，2016 年 7 月 31 日，〈https://www.hk01.com/ 眾樂迷 /34494/ 夜鬼聽歌 - 深宵回味心跳加速 - 擋不住的意識誘惑〉，2020 年 5 月 1 日。

扭耳仔：〈達明一派 親自導賞〈1+4=14〉〉，香港：《香港 01》，2017 年 2 月 25 日，〈 https://www.hk01.com/ 扭耳仔 /74369/ 達明一派 - 親自導賞 -1-4-14〉，2020 年 6 月 11 日。

洛楓：〈灰色的都市 ‧ 蒼白的一代：達明一派的社會意識〉，《世紀末城市》，香港：牛津大學出版社，1995 年，頁 76-95。

──〈後真相、假新聞和反擊〉，523 期，香港：《號外》，2020 年 4 月，頁 148。

胡靜雯、葉青霞：〈煉就任性 Juno：三大詞曲功臣〉，香港：《蘋果日報》，2015 年 07 月 30，〈https://hk.lifestyle.appledaily.com/lifestyle/special/daily/article/20150730/19236338 〉，2019 年 7 月 3 日。

袁智聰：〈埋藏着傳奇的劉以達〉，香港：《音樂殖民地》，34 期，1996 年 2 月，頁 13-15。

──〈達明一派：從頭重拾這印象（1）：公路訪問〉，香港：《音樂殖民地》，49 期，1996 年 9 月，頁 14-16。

梁偉詩：《詞場：後九七香港流行歌詞論述》，香港：匯智出版有限公司，2016 年。

──〈第三章：周耀輝〉，朱耀偉、梁偉詩：《後九七香港粵語流行歌詞研究》上編，香港：亮光文化有限公司，2015 年，頁 143-187。

梁偉詩、黃津玨：〈反國教專號之反國民教育大歌單〉，香港：《華麗的戰爭》，2012 年 9 月 12 日，〈http://leungjass.blogspot.com/2012/09/20120912.html〉，2020 年 5 月 4 日。

陳芊憓訪問：〈青春就是覺得自己有很多選擇：專訪周耀輝〉，香港：《藝文青》，第 2 期，2014 年 11 月，頁 18-21。

陳恆禮：〈鄉音弦情黃耀明〉，香港：《都市日報》，2008 年 7 月 30 日，版 22-23。

陳藹琪：〈從〈黛玉笑了〉看周耀輝筆下蛻變的林黛玉〉，香港：《立場新聞》，2015 年 7 月 9 日，〈https://www.thestandnews.com/culture/ 從 - 黛玉笑了 - 看周耀輝筆下蛻變的林黛玉 /〉，2020 年 7 月 9 日。

晴朗訪問：〈我覺得寫歌詞是一件很美妙的事情〉，《詩歌島》，2017 年 12 月 21 日，〈https://new.qq.com/omn/20171204/20171204A10281.html〉，2018 年 1 月 28 日。

彭嘉彬：〈拉闊音樂會後首談唱功〉，香港：《香港 01》，2018 年 11 月 23 日，〈 https://www.hk01.com/ 眾樂迷 /262356/ 麥浚龍 - 專訪 - 拉闊音樂會後首談唱功 -juno- 我懷着狠心摧毀它〉，2020 年 5 月 6 日。

馮作民譯著：《西洋神話全集》，台北：星光出版社，1985 年。

黃子翔訪問：〈周耀輝：填詞老手、文壇新貴〉，香港：《星島日報》，2016 年 1 月 26 日，版 E1。

黃志淙：《流聲》，香港：香港特別行政區政府民政事務局，2007 年。

黃偉文專訪：〈麥浚龍愛情三部曲〉，香港：《HK Channel》，2015 年 7 月 23 日，〈https://www.ihktv.com/juno-wyman.html〉，2020 年 5 月 6 日。

張小綠：〈不必為了求新而求新：觀《剎那的烏托邦》有感〉，香港：《橙新聞》，2016 年 11 月 17 日，〈 http://www.orangenews.hk/culture/system/2016/11/11/010044808.shtml〉，2020 年 7 月 15 日。

張子靜：《我的姊姊張愛玲》，台北：時報文化，1996 年。

張愛玲：〈華麗緣〉，《華麗緣：1940年代散文》，台北：皇冠出版社，2010年，頁303-313。

──. 金宏達、于青編：《張愛玲文集》第四卷，安徽：安徽文藝出版社，1992年。

張鐵志：〈與黃耀明談音樂與政治〉，香港：《信報》，2011年7月27日，版37。

歐陽有男：〈Juno・林夕・周耀輝：Evil is a Point of View〉，香港：《Milk》，769期，2016年4月14日，頁3-5。

蔡秀枝：〈音粒：文本生成〉，台灣：《補助學術研究群暨經典研讀班結案報告》，2016年3月25日，頁9-20，〈http://www.hss.ntu.edu.tw/upload/file/201807/943eaf60-d0af-4f76-bfb4-457135ed9fdd.pdf〉，2020年1月15日。

鄭敏：〈連林黛玉都識笑〉，香港：《香港01》，2016年5月15日，〈https://www.hk01.com/01博評-藝・文化/20127/連林黛玉都識笑-再談周耀輝-被低估的詞壇奇葩〉，2020年7月9日。

謝茜嘉：〈叱咤樂壇專訪@Juno麥浚龍『Evil is a point of view』〉，《微博》，2016年4月16日，〈https://www.weibo.com/p/1001603962842280797961〉，2020年5月6日。

邁克：〈黃耀明：正式訪問〉，香港：《蘋果日報》，2006年12月31日，版E4。

魏紹恩：〈達明一派：一萬年太久，祇爭朝夕〉，香港：《明報周刊》，1458期，1996年10月，頁6-11。

## （II）英文書目

Andersen, Hans Christian. "The Little Match Girl." 〈http://www.shortstoryamerica.com/pdf_classics/andersen_little_match_girl.pdf〉, 8 July 2020.

Barthes, Roland. "Listening." *The Responsibility of Forms*. Berkeley & Los Angeles: U of California Press, 1991. 245-260.

———. "The Grain of the Voice." *Image Music Text.* London: Fontana Press, 1977. 179-189.

———. "From Work to Text." *The Rustle of Language.* New York: Hill and Wang, 1986. 56-64.

———. "Myth Today." *Mythology.* London: Vintage, 1993. 109-159.

———. *A Lover's Discourse.* London: Penguin Books, 1990.

Berland, Jody. "Sound, Image and Social Space: Music Video and Media Reconstruction." Eds. Simon Frith & Andrew Goodwin. *Sound and Vision: The Music Video Reader.* London & New York: Routledge, 1993. 25-43.

Butler, Judith. *Bodies That Matter: On the Discursive Limits of "Sex".* New York: Routledge, 1993.

Chow, Yiu Fai. *The Banana [Re]Public: A Study of Trans/National Popular Culture Consumption among Young Chinese Living in the Netherlands.* Hong Kong: Ocean Printing Co. Ltd., 2011.

Frith, Simon. *Performing Rites: On the Value of Popular Music.* Cambridge: Harvard UP, 1999 3rd printing.

———. *Taking Popular Music Seriously: Selected Essays*. Burlington: Ashgate Publishing Company, 2007.

———. "Music and Everyday Life." *Taking Popular Music Seriously: Selected Essays*. Burlington: Ashgate Publishing Company, 2007. 197-207.

Goodwin, Andrew. "A Musicology of the Image." *Dancing in the Distraction Factory: Music Television and Popular Culture*. Minneapolis: U of Minnesota Press, 1992. 49-71.

Halberstam, J. Jack. *Gaga Feminism: Sex, Gender, and the End of Normal*. Boston: Beacon Press, 2012.

Kristeva, Julia. "Word, Dialogue and Novel." *The Kristeva Reader*. Oxford: Basil Blackwell, 1990 reprinted. 34-61.

Preminger, Alex. *Princeton Encyclopedia of Poetry and Poetics*. New Jersey: Princeton UP, 1974 Enlarged Edition.

Saussure, Ferdinand de. "The Linguistic Sign." Ed. Robert E. Innis. *Semiotics: An Introductory Reader*. London: Hutchinson & Co. Ltd., 1986. 28-46.

Snyder, Timothy. *On Tyranny*. London: The Bodley Head, 2017.

Todorov, Tzvetan. "Intertextuality." *Mikhail Bakhtin: The Dialogical Principle*. Minneapolis: University of Minnesota Press, 1992 4th printing. 60-74.

## 詞人簡介
# 周耀輝

　　1961 年在香港出生，上世紀八十年代畢業於香港大學英國語文及比較文學系，1988 年向達明一派自薦，1989 年發表第一首歌詞〈愛在瘟疫蔓延時〉，先後於香港政府、亞洲藝術節、《明報》及商業電台等機構工作。1992 年移居荷蘭，為荷蘭華語電台節目主持人，2011 年獲阿姆斯特丹大學傳理研究學院博士學位，2012 年跟黃耀明等好友成立文藝復興基金會，自 2011 年開始任教於香港浸會大學人文及創作系。

　　周耀輝至今發表歌詞多達千首，2007 年出版詞人音樂專輯《18 變：周耀輝詞・文・觀》。2005 年憑為麥浚龍填寫的歌詞〈雌雄同體〉獲頒 2005 CASH 金帆音樂獎「最佳另類作品」；2013 年憑為盧凱彤填寫的歌詞〈囂張〉獲頒 CASH 金帆音樂獎「最佳歌詞」；2014 年為許志安填寫的〈流淚行勝利道〉獲得「叱咤樂壇至尊歌曲大獎」。2017 年憑〈銀髮白〉獲 CASH 金帆音樂獎「最佳歌曲」及華語金曲獎「十大粵語金曲」；同年為林二汶包辦全碟中文歌詞的《People

Like Us》及與麥浚龍和林夕合作的概念唱片《Evil is a Point of View》皆獲得華語金曲獎的「十大粵語唱片」。2018 年憑《銀髮白》獲得華語音樂傳媒大獎「年度粵語歌曲」；由周耀輝包辦全碟歌詞的《剎那的烏托邦》，亦獲得華語音樂傳媒大獎「年度粵語專輯」。

周耀輝的文學創作有《突然十年便過去》、《7749》、《紙上染了藍》、《一個身體兩個人》和《假如我們甚麼都不怕》等，其中書寫母親記憶的《紙上染了藍》獲 2015 年香港中文文學雙年獎散文組推薦獎，短篇故事集《一個身體兩個人》獲得第二十七屆中學生好書龍虎榜「最受中學生歡迎十本好書」。此外，周耀輝也積極參與多媒體跨界創作，包括 2016 年新視野藝術節的劇場作品《剎那的烏托邦》，2017 年獲西九文化區 M+ 委約，在《曖昧：香港流行文化中的性別演繹》的展覽中創作《聲煽／線動》，2018 年在「動漫美學雙年展」跟黃照達合作的〈靜靜雞摘 13 個如果：靜漫一種〉等等。

# 獨角獸的彳亍
## ——周耀輝的音樂群像
*The Solitary Walk of Unicorn: Musical Portraits of Chow Yiu Fai*

作者：洛楓

責任編輯：羅國洪

裝幀設計：Untitled Workshop

出版：匯智出版有限公司
地址：香港九龍尖沙咀赫德道 2A 首邦行 803 室
電話：2390 0605
傳真：2142 3161
網址：http://www.ip.com.hk

發行：聯合新零售（香港）有限公司
地址：香港新界荃灣德士古道 220-248 號荃灣工業中心 16 樓
電話：2150 2100
傳真：2407 3062

版次：2022 年 2 月初版

國際書號：978-988-76155-1-4

香港藝術發展局
Hong Kong Arts Development Council 資助

香港藝術發展局全力支持藝術表達自由，本計劃
內容並不反映本局意見。